本研究获 2021 年度国家社会科学基金一般项目

"海昏侯刘贺墓出土漆器整理与研究"

（批准号 21BKG043）资助

南昌漢代
海昏侯國遺址博物館

Nanchang Haihun Principality
Site Museum of Han Dynasty

南昌汉代海昏侯国遗址博物馆 | 编著

文物出版社

图书在版编目（CIP）数据

南昌汉代海昏侯国遗址博物馆 / 南昌汉代海昏侯国
遗址博物馆编著. -- 北京：文物出版社, 2022.12（2023.
10重印）

ISBN 978-7-5010-7909-4

Ⅰ.①南… Ⅱ.①南… Ⅲ.①汉墓—出土文物—介绍
—南昌 Ⅳ.①K878.8

中国国家版本馆CIP数据核字（2023）第014744号

审图号：GS（2022）2215号

南昌汉代海昏侯国遗址博物馆

编　　著　南昌汉代海昏侯国遗址博物馆

责任编辑　彭家宇
责任印制　张道奇
摄　　影　张　冰　赵可明

出版发行　文物出版社
社　　址　北京市东城区东直门内北小街2号楼
邮　　编　100007
网　　址　http://www.wenwu.com
经　　销　新华书店
印　　刷　文物出版社印刷厂有限公司
开　　本　787mm×1092mm　1/16
印　　张　10
版　　次　2022年12月第1版
印　　次　2023年10月第2次印刷
书　　号　ISBN 978-7-5010-7909-4
定　　价　220.00元

南昌漢代海昏侯國遺址博物館

编辑委员会

前言

公元前201年，汉高祖刘邦在豫章郡设立南昌、海昏等18个县，奠定了今日江西省行政区划的基本格局。海昏县位于缭水与修水流域两大水系之间，大致范围为：东至今鄱阳湖区，北至今武宁县，南至今奉新县南界，西至今奉新县西界，相当于今天永修、武宁、靖安、安义和奉新5个县以及新建区北部、庐山市南部滨湖地区。元康三年（公元前63年）春，汉宣帝封刘贺为海昏侯，海昏县更名海昏侯国。刘贺自元康三年（公元前63年）受封海昏侯，至神爵三年（公元前59年）去世，在海昏侯国生活了4年。刘贺去世后，汉宣帝下令废除海昏侯国。公元前46年，汉元帝刘奭封刘贺第三子刘代宗为海昏侯，史称海昏釐侯。西汉时期关于江西的文献记载只有只言片语，有关海昏县、海昏侯国的记载更是寥寥数语，有关昌邑城、刘贺墓的情况，也只能在地方文献中发现一鳞半爪。

海昏侯刘贺墓的发现，揭开了海昏侯国的神秘面纱，揭秘了尘封千年的往事，大大丰富了海昏侯国历史的文化内涵，刷新了人们对于汉代海昏县、海昏侯国、海昏侯刘贺乃至西汉中后期历史的认知，为我们廓清重重历史谜雾打开了一扇窗，也使得历史上倍受争议的刘贺、神秘的海昏再一次回到人们的视线，迅速形成海昏侯热。海昏侯刘贺墓考古成果惊艳世界，先后获得2015年度全国十大考古新发现、中国百年百大考古发现、世界重大田野考古发现等诸多奖项。各级政府高度重视海昏侯国遗址的保护工作，国务院将其公布为全国重点文物保护单位，国家文物局将其公布为国家考古遗址公园。江西省委、省政府和南昌市委、市政府按照国家文物局提出的"一流的考古，一流的保护，一流的展示"要求开展各项工作，于2016年成立南昌汉代海昏侯国遗址管理局、遗址博物馆，专门负责该遗址

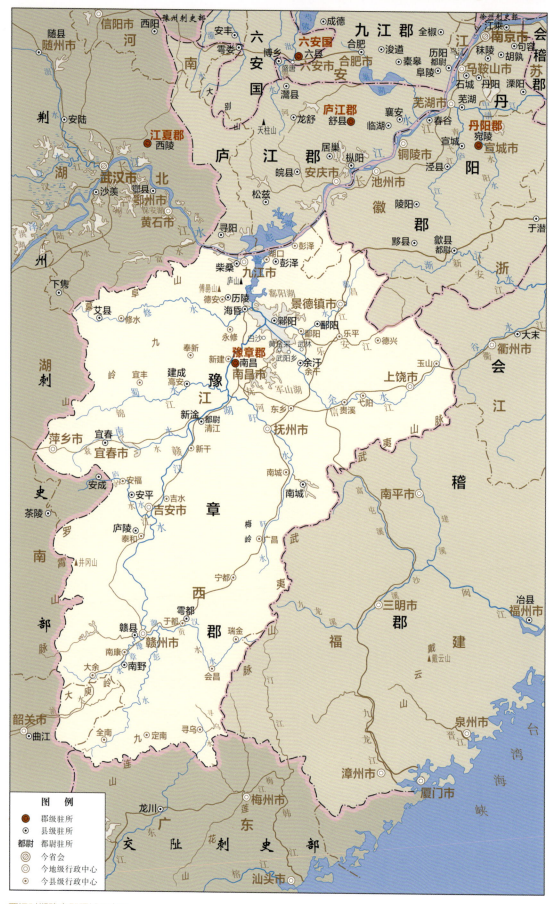

西汉时期豫章郡疆域示意图

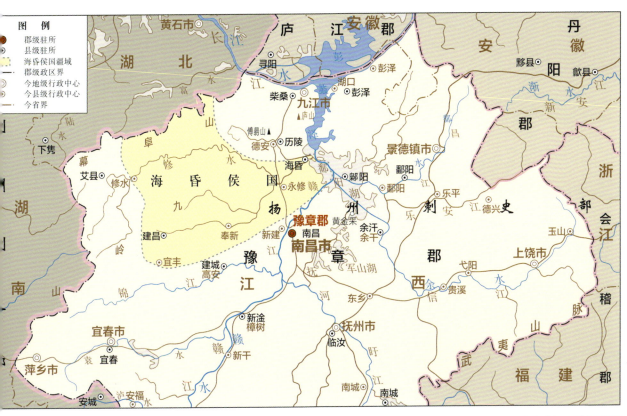

汉代海昏侯国疆域示意图

考古发掘、文物保护、文物研究、文物展示和国家考古遗址公园建设。

　　南昌汉代海昏侯国遗址博物馆位于海昏侯国国家考古遗址公园，是一座依托全国重点文物保护单位紫金城与铁河古墓群，以文物收藏、保护、研究、展示和考古发掘为主要功能的专题博物馆。遗址博物馆设计方案以突出遗产价值为取向，遵循世界遗产保护公约与遗址保护规划确立的对场地原有地形地貌进行最小干预原则，最大限度与遗址周边的岗地、水系及农耕环境相协调，保护遗址区地形地貌与生态原真性，通过地形学的设计路径，以低伏的建筑形态嵌入山谷之中，以延展的主入口广场衔接湖面水系，塑造大地景观，将博物馆的形体空间复归于大遗址的风土地脉中。博物馆总体格局取意《易经》乾卦"见龙在田"，采用刘贺墓出土文物中特色鲜明的龙形图案，以谦逊低伏的龙形姿态掩映于山光水色阡陌田野间。建筑包括地下1层、地上2层、局部3层，高度18米，建筑面积约4万平方米。3组游动于山谷中的线性体形互为环扣，将博物馆的各项功能有序分布其中，同时组织起场馆的运行流线，功能物化于建筑形态，形成分区清晰、动线流畅的建筑空间，为海昏侯国遗址出土文物的永续收藏、科技保护、科学研究、有效展示和汉文化传播、公众休闲提供分区合理、设施先进、功能配套的现代化公共文化空间。博物馆主入口广场进深168米，象征海昏侯国168年的可考历史（公元前63年~公元104年）；三段台阶将广场分为四级，表明第一代海昏侯刘贺历经王、帝、故王、侯四种身份的风云变幻；33级台阶，示意刘贺33年的传奇人生；馆名"南昌汉代海昏侯国遗址博物馆"由时任中国书法家协会主席苏士澍先生题写。遗址博物馆由东南大学齐康院士领衔设计，中国建筑集团有限公司承建，2018年5月开工建设，2020年9月23日建成开放。

刘贺墓园出土金银器、漆木器、玉器、青铜器、铁器、陶瓷器和简牍等各类文物近2万件及10余吨五铢钱，其种类之多、数量之大、品质之精，为西汉王侯墓考古所仅见，是汉武盛世和昭宣中兴这一历史时段的重要物证，形象再现了西汉时期高等级贵族的生活。这批文物作为一个考古单元，整体收藏在遗址博物馆，5200多枚竹简是我国汉简的惊世大发现，更是江西考古史上的首次发现；2堵青铜编钟形象再现了西汉诸侯的用乐制度；裹蹄金和麟趾金、饼金、钣金是我国汉代钱币考古史上保存最完整、种类最全、数量最多的一次发现，终结了关于裹蹄金与麟趾金一千多年来的争论；玉器、漆木器数量、质量居汉墓之首。

遗址博物馆展示体系由海昏侯国历史文化室内综合展示馆和刘贺墓园、紫金城城址为核心的文物遗迹原址展示以及周边的山水田园为空间依托的农业景观、生态景观等户外风貌组成。综合展示馆以遗址出土文物展示为中心，包括基本陈列《金色海昏——汉代海昏侯国历史与文化展》，专题展览《书香海昏——汉代海昏侯国简牍文化展》《丹漆海昏——汉代海昏侯国漆器文化展》《遇见海昏——汉文化体验互动展》以及临时交流展。《金色海昏》展以一个人（刘贺）、一座墓（刘贺墓）、一座城（紫金城）为切入点，再现一个消失的侯国（海昏侯国），以小见大，以海昏侯国历史文化为主线，以物言史，通过海昏侯刘贺墓园出土文物述说西汉高超的手工业工艺水平，南方开发、中西文化交流历史，是汉人思想意识、政治制度、礼乐文明、审美情趣、社会生活的集中体现，反映了世界大背景下的大汉盛世。《遇见海昏》展运用AR、VR、3D打印等技术手段多角度、深层次解读海昏侯墓园出土文物和海昏侯国历史文化，让观众在品味海昏珍宝中感受汉文化，与海昏侯国遗址数字博物馆互为补充，打造24小时在线博物馆。

遗址展示区主要包括紫金城城址、历代海昏侯墓园、贵族和平民墓地等为代表的海昏侯国遗存，共同构成了一个完整的大遗址单元，这是我国目前发现的

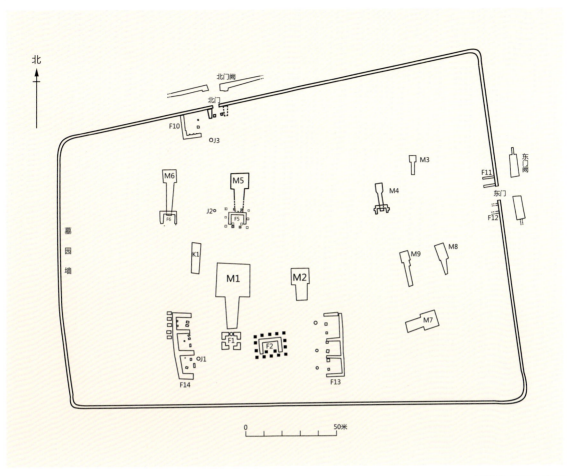

刘贺墓园平面示意图

面积最大、保存最好、内涵最丰富的汉代侯国聚落遗址，是重要的历史文化遗产，具有重大展示利用和科学研究价值。面积约14万平方米的紫金城址为汉代海昏侯国都城，宫殿区位于城东部，西部有后期扩建的附属城区，城墙外北面、西面、南面环绕护城河。紫金城西面和南面为墓葬区，其中墎墩山为刘贺墓园，花骨墩、祠堂岗、苏家山均有大型墓葬分布，苏家山墓园现存高大的园墙，这些区域可能为历代海昏侯的墓园。墎墩山刘贺墓园呈梯形，占地约4.6万平方米，以海昏侯刘贺墓（M1）和侯夫人墓（M2）为中心，由2座主墓、7座祔葬墓、1座外藏椁和园墙及相关礼仪性建筑构成。刘贺墓及其夫人墓同茔异穴，属于西汉中晚期采用"汉制"埋葬的列侯墓葬，是我国长江以南地区发现的唯一一座带有真车实马陪葬坑的汉墓。该墓本体规模宏大，椁室设计严密、结构复杂、功能清晰明确，是西汉王侯陵墓考古成果的典型代表，对于研究、认识西汉列侯等级葬制具有重大价值。

南昌漢代海昏侯國遺址公園漫游圖

N

鄱阳湖

西部墓群

文化民俗村

西城门遗址

紫金城遗址

内城遗址

祠堂岗西路

祠堂岗路

忠心亭

墨池

城

北门

观西路

东门

刘贺墓园

来龙山

文化民俗村

南部墓群

南昌汉代海昏侯国遗址公园布局示意图

南昌汉代海昏侯国遗址博物馆全景

　　我们将持续深入学习贯彻习近平总书记关于文物工作重要论述精神，坚持"保护第一、加强管理、挖掘价值、有效利用、让文物活起来"的新时代文物工作方针，增强政治责任感和历史使命感，扎实做好各项工作，讲好海昏故事，努力把南昌汉代海昏侯国遗址博物馆建设成为南昌文化新地标、江西文化旅游金名片、汉文明展示窗口和汉文化研究基地，推动海昏文旅事业高质量发展、全方位进步；推动海昏文化创造性转化、创新性发展，坚定文化自信，为建设江西文化强省、南昌文化强市贡献海昏力量。

第四章

書香海昏

125

后 记 141

第一章

吉金海昏

西汉青铜器，上承战国晚期遗风，与先秦相比，在器物的种类、器形、工艺技术以及用途等方面都有了明显变化，具有浓厚的时代特色，青铜器日益失去礼制的意味，向功能生活化、制作标准化、应用平民化的方向快速演进。铜器制造业得到新的发展，取得了新的成就，形成了新的时代风貌。青铜容器造型向实用方向发展，日用生活器皿和实用艺术品大量增加，以前常见的礼器和兵器逐渐退出历史舞台，三代流行的鼎、壶、钫等礼器虽然仍在沿用，但用途广泛，功能演变为一般日用器皿，铜镜、铜印、铜灯、铜盆等生活器皿日趋流行；青铜器的造型摆脱了商周时期古朴庄严的风格，显得灵巧轻便以满足日常舒适生活的需求，服从于实用需要，造型轻巧、装饰简朴、工艺多样，这一特点在镜、灯、炉之类器物中表现得尤为明显。

刘贺墓出土青铜器近4000件，器种主要有饮食器、水器、武器、乐器、车马器、日用杂器等，以各式车马器为大宗。饮食器有鼎、釜、甗、甑、壶、卣、樽、缶、镰、钫、锺、簋、鋞、碗、勺、染炉等，水器有盘、盆、鋗、匜等，武器有弋、矛、剑、剑格、鐏格、镦等，乐器有编钟、钲、镯、铃、錞于，车马器有帽、盖弓帽、杠箍、承弓器、较、軎、辖、笠毂、軏、轭首、辀、辕、衡末和马冠、当卢、镳、衔、马轵、节约、辔饰、方策、环、铜泡等，日用杂器有灯、熏炉、博山炉、镇、漏壶、杵、臼、镜、带钩、印、挂钩、箕、哨、环权、累、量、削、锥、各式漆木器构件以及十余吨五铢钱等。每一器种又有不同的造型，比如，25件灯又可分为釭灯、行灯、豆形灯、五枝灯、雁足灯等，镇有俳优俑镇、雁形镇、凤形镇、虎形镇、豹形镇、鳖形镇、龟形镇、鹿形镇、神兽形镇之别，造型丰富，表明青铜器已经应用于日常生活的方方面面，使用铜器是为了方便生活、享受生活，青铜器成为日用器的主流。

青铜器出土场景

      青铜器的装饰技法有鎏金、鎏银、错金银、嵌宝石、细线刻镂等，纹饰多为各种珍禽瑞兽和几何形图案。错金神兽纹青铜当卢、错金兽面纹笠毂、错金银华蚤之类车马器，纹细若丝，纤巧流畅，是细线刻镂与错金银两种工艺并用的代表作。轻巧而壁薄的器物不适合铸刻粗重的纹饰，绝大部分器物除偶尔有铺首和弦纹外，基本上是素面无纹，高档青铜器则采用通体鎏金的装饰方法来弥补没有花纹的缺陷，显得金光灿灿、富丽堂皇。鎏金工艺当时称"金涂"，本身也是对青铜器的一种保护方式，使得器物表面不易氧化。大量鎏金铜器，是刘贺墓青铜器的最大特色，小到1厘米的铜管、大到1米以上的铜虡，皆通体鎏金。刘贺墓出土青铜器，绝大多数为铜、锡、铅三元合金，器体呈赤金色，装饰鎏金、错金花纹的器物，为了增强纹样与器体之间的色彩对比，往往通过提高合金中锡的比例，使器体泛白，从而产生黄白对比的效果，比如，经成分分析，鎏金龙纹甬钟和纽钟，锡含量高达27.6%。

战国时期出现的"物勒工名"金文新风格，在汉代流行，记铸造年月、机构、工官、收藏地点以及使用者、器物重量、容量、数量等。由于炼钢技术的进步，刻刀更加坚硬锋利，使得东周时就已产生的细线刻工艺日渐成熟。青铜器铭文的制作方法为器物铸好后再在器壁上刻凿，与商周时期用范铸法铸造的铭文相比，显得劲挺有力，笔意浓郁。刘贺墓出土青铜器，铭文镜上的文字与镜体一道范铸成形，其他器物多数为刻铭，如"昌邑食官銷容四升重十一斤昌邑二年造""昌邑宦谒烛定重六斤四两二年造""昌邑食□锺容重廿九斤六两""东道羽重百一十斤第三""西道第一角重七十斤"等。

西汉时期铜矿开采和青铜铸造业主要由政府控制，从中央到地方，组织严密，机构庞大，所制器物精美，主要供宫廷、官府、贵族使用，也用于内外赏赐。汉中央政府少府下设考工室和尚方，负责铜器铸造业。汉政府还在地方设工官，委派官吏负责官营手工业生产，产品除供应宫廷外，也作为商品出售。各王国有专门制造铜器的机构，带"昌邑"铭文的铜器，便是昌邑王国专属作坊的产品。另有数件先秦时期的青铜器，应该是刘贺的收藏品，是西汉中后期古董收藏风气的体现。

刘贺墓园出土金器受到社会公众热议，包括大、小裹蹄金50枚，麟趾金25枚，饼金385枚，钣金20块，共4类480件，含金量在98％以上，包含文献记载的所有汉代金币品种，钣金系首次出土，这是汉代考古出土金币数量最多、种类最全的一次，总重约115公斤，折合汉代460斤，超过了此前历次出土汉代金币的总和，以实物诠释了汉代这个多金王朝。装饰华美的裹蹄金、麟趾金，解决了汉武帝顺应天瑞铸造黄金以赏赐诸侯王的千古之谜，5枚墨书饼金的出土，使我们对汉代酎金制度有了新的理解。

"昌邑籍田"三足青铜鼎

高 36.8、口径 33.5、腹径 45.5 厘米

　　子口微敛，环形附耳，深弧腹，圜底，蹄形足，失盖。腹部阴刻"昌邑籍田铜鼎容十斗重卅八斤第二"15字篆隶体铭文，带有明显小篆笔意。此鼎造型规整，铸制精良，是我国首次发现的西汉诸侯王国"籍田"礼仪的实物资料，也是我国自古重视农业生产，以农为本的生动例证。

第二	卅八斤	斗重	容十	铜鼎	籍田	昌邑

鎏金提梁青铜鋞

通高 20.0、器盖口径 12.3、
器身口径 12.0、底径 12.5 厘米

圆形盖，盖面微隆，中心有一圆角长方形
纽。器身直筒圆形，子口，直壁深腹，蹄足。
上腹部有两个半环形耳，耳上各有一扁圆形衔
环，衔环与链式提梁相接。中腹饰一周凸出的
宽带纹。通体鎏金。青铜鋞出土时内盛鸡骨和
汤羹，为汉代饮食文化研究提供了重要物证。

青铜鐎

通高 14.0，口径 8.0，腹径 16.5 厘米

圆形盖，盖面微隆，盖中有一扁纽。器身直口，短颈，圆鼓腹，圜底，三蹄足，腹部有一鸟首形流，流口有盖，一侧有一长条形柄。盖外沿饰一周弦纹，中心饰柿蒂纹。器腹中部饰一周带饰。《玄应音义》卷一五引《韵集》："鐎，温器也，三足有柄"。鐎放在火炉之上，用于温酒，是一种常用的生活用具。

鎏金青铜鋗

斜折沿，直颈微敛，弧腹下收成平底，铺首衔环耳。腹部饰一周宽带纹，通体鎏金。

高 13.8、口径 29.0、腹径 18.0、底径 17.3 厘米

镂空方形鼎式青铜染炉

通高 14.3 厘米
耳杯：口径 9.4～15.9、高 4.1 厘米
炉：长 15.0、宽 9.9、高 11.8、内径
6.9～14.6 厘米

染炉分为耳杯和连盘炉两个部分。耳杯呈椭圆形，两侧各有一半月形耳。炉呈镂空方形鼎式，宽平沿内侧间隔立两支架，支架围成椭圆形，炉壁饰竖向长方形镂孔，底平有孔，蹄足细长，四足稳置长方形承盘内。杯盛食，炉置炭，盘承灰。当炭火温热杯中调料后，可将肉食染味食用，宴饮时一人一套，随吃随"染"。

蹄足环耳青铜温鼎

通高 29.4、口径 16.6、
足高 18.4 厘米

敛口，圆鼓腹，腹上部有三个衔环耳，腹下渐收，圜底，三蹄足。器底一中空的筒形炉腔连接圆形盘，盘有一流，从高足间伸出，流口有沿。此器设计新颖，造型奇特，属温食器，出土时温鼎内有板栗等残留物、盘内有炭火痕迹，具有实际使用功能，对于研究古代饮食文化具有较高价值。

"昌邑食官"鎏金青铜锺

口微侈，长颈微束，圆鼓腹，圈足，铺首衔环。肩部和腹中部、下部各饰一组弦纹带。通体鎏金。上腹部刻有铭文"昌邑食官锺容……重廿九斤六两"。

口径 15.0、最大腹径 36.2、底径 19.1 厘米

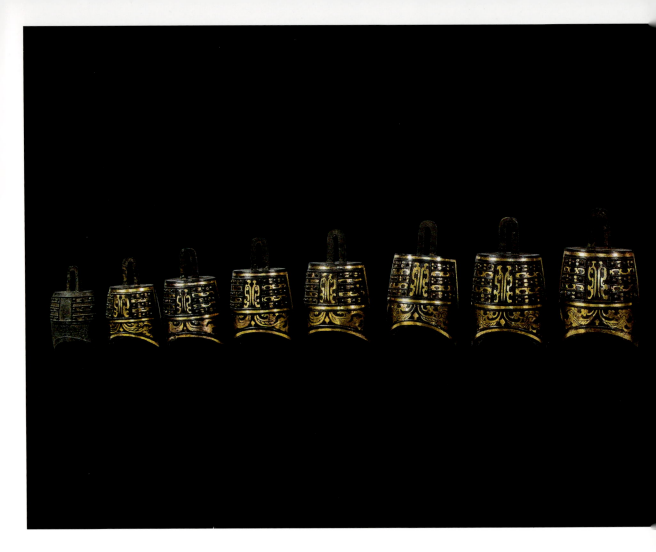

鎏金龙纹青铜编纽钟

编纽钟：（最大）通高 27.0、宽 17.5、纽高 7.1 厘米

（最小）通高 13.0、宽 7.5、纽高 4.0 厘米

鎏金龙纹青铜套头：高 11.5、长 27.5、宽 4.6 厘米

鎏金青铜钩：长 18.5 厘米

鎏金青铜钉：（最大）长 8.3、直径 2.0 厘米

（最小）长 6.1、直径 2.8 厘米

鎏金青铜神兽虡：通高 102.8、底座高 29.0、底座长 45.7 厘米

此套纽钟14件，钟身呈合瓦形，钲部两侧分布有4组枚，锥形乳丁状，每组9个，分3行，以篆带相隔，前13件纽钟正面饰鎏金龙纹，背面由于敲击，鎏金部分脱落。最小的纽钟，饰龙纹无鎏金，应系拼凑。整套纽钟应是可以演奏双音的实用乐钟。钟簴为红地彩绘漆木质，两端镶嵌鎏金龙纹青铜套头；簴上插3块三角形业，业的中心部位各嵌一枚青铜圆饼。伴出2件神兽青铜虡，承托钟簴。14件纽钟、5件甬钟分别用鎏金青铜钉和鎏金驼形青铜钩挂在钟簴上，从而形成14件编纽钟和5件编甬钟的乐悬组合。

鎏金青铜钩

鎏金青铜神兽虡

鎏金青铜钉

编钟架

鎏金龙纹青铜套头

青铜编甬钟

最大：高73.0、腹径31.5厘米
最小：高55.8、腹径22.5厘米

共5件，大小相次，出土于钟架垮塌范围中。钟身为扁凸体状，舞为尖椭圆形，铣棱两端内敛，整体矮胖浑圆；于口弧曲，有棱状内唇，钟面以阳线分隔出枚、篆、征、鼓各区，甬为实心竹节状，甬上端有一道折陵，下端有道凸宽带，其上有旋。旋作螭状，螭上半身有多道平行排列的短斜直线，近头部有卷云纹。旋上有一个螭头形的干，以S形卷纹下部为螭眼。钲部两侧各有3行枚，每行3个，以篆带相隔。枚为半球形乳丁状。从器表纹饰和铭文来看，此5件甬钟是由原本属于不同编列的甬钟拼凑而成一堵编甬钟。

青铜錞于

通高 77.1、肩宽 30.9、口径 31.3 厘米

　　顶圜首无盘、立半环形纽，圆肩向下渐内收，束腰，近足渐稍向外撇。整器呈弧形筒状体，且底口部直径略大于肩部。肩下、腰部和底口部各饰一周凸起的宽弦纹。錞于多与鼓配合使用，战时指挥进退，另也用于祭祀。此青铜錞于与青铜钲、青铜镯和甬钟出土于金车之上，錞于和钲的组合是西汉诸侯王墓军乐器的标准配置。

青铜钲

通高 31.0 厘米

舞平，竹节状甬，中空，与腔体相通，半环形
干。腔体作合瓦状，横截面呈椭圆形，于部内凹呈
弧形，两侧铣角微侈。钲是一种打击乐器。

乳丁纹青铜镈

通高 41.0 厘米

舞平，竹节状甬，半环形干。腔体呈合瓦形，由前后弧面合成，于部内凹，两铣外侈。腔面以阳线分隔出钲、篆、鼓、枚各区；钲部有圆枚四组，每组9个分3行，以篆带相隔。镈用以节制鼓声，属军乐器。刘贺墓出土青铜镈，填补了此类器实物空白。

鎏金青铜五连枝灯

通高 61.5、底径 16.0 厘米

　　组合灯具，通体鎏金，分为灯座、灯柱、灯枝和灯盘四部分，整器似树形，灯体部分构造成树枝状，枝顶嵌有灯盘。灯座呈圆形，镂空雕刻两组动物型纹饰，形似龙纹。灯柱细圆，整体一节，底部呈喇叭状与灯座相连。灯枝分上下两层，每层从灯柱两侧对称伸出横向的S形曲枝，以榫卯结构和主杆相连。五个灯盘均为八边形，直壁浅腹，嵌于曲枝顶端，方向各异，扩大了传统灯具的照明范围，兼具美观与科学性。

青铜双管釭灯

通高 38.0 厘米

灯由器座、灯盘、灯罩、灯盖组成。灯座为球腹鼎，直口、半圆形蹄足，肩部两侧有弧形圆管向上伸出，与顶部灯盖两侧向下伸出的弧形圆管套接，形成双烟管。灯盘为圆形，直壁、浅腹、平底、圈足，可以与灯座套接，灯盘内双层圈沿与顶部灯盖的直壁圈沿相对应，插入两片弧形翳板，通过左右开合，可以挡风和调整光照方向。在点灯时，烟通过"烟管"，到达腹中，腹中装水，因而能保持室内清洁，达到环保的目的。

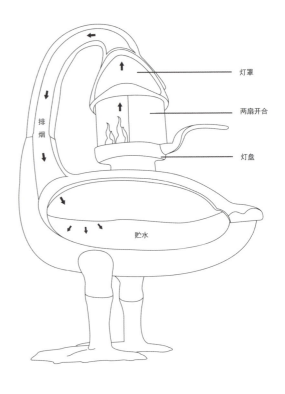

灯罩

两扇开合

灯盘

排烟

贮水

015

雁鱼青铜釭灯

通高 50.8、雁足高 13.7、
鱼身长 17.5 厘米

　　雁鱼青铜釭灯由雁首衔鱼、灯罩、灯盘、灯座
4 部分套合而成。整体造型奇特，作大雁回首衔鱼
伫立状，雁体肥硕，嘴含鱼，颈修长，眼锐利，腹
中空，尾短平，掌有蹼，双足并立。雁颈与雁体以
子母口相接，灯盘圆形，直壁，浅腹，一侧附灯
柄。灯盘上有两片弧形板，可左右转动开合，既能
够挡风，又能调节亮度。灯油或蜡产生的烟雾会被
灯罩挡住，向上进入雁腹。雁腹内注入清水，烟雾
溶于水中，保持室内清洁。雁鱼灯可以自由拆装，
便于平时的揩拭和清理，有极高的工艺价值和环保
价值。

"李姬家定"青铜灯

口径 12.8、底径 11.6、高 26.5 厘米

灯盘浅盘，敞口，内底立烛钉，灯柱为圆柱形，中上部凸起，喇叭形底座。灯盘外壁有"李姬家定"铭文，"定"即"锭"，"镫"即是灯，"锭""镫"两字可互训，说明此器功能为灯。

"清白"青铜镜

直径 17.0、厚 0.6 厘米

圆形，素缘宽平，半球形纽，十二并蒂连珠纹纽座。内区饰以内向八连弧纹一周，连弧纹内对称分布四组光芒纹和变体鸟纹，外围以两周凸弦纹和短斜线纹为环带，铭文见于环带内。铭文30字："洁清白而事君志欢之合明彼玄锡之泽恐疏远而日忘怀美之穷皑承欢之"。"清白"镜出现于西汉中期偏晚，其镜铭视铜镜尺寸而定，多有漏字、缺笔等简省现象，完整的"清白"镜镜铭应为48字。

鎏金鹿形青铜镇

高 5.8、长 10.3、宽 7.4 厘米

鹿首上昂，鹿角若枝状向后对称延展，鹿耳灵动如叶状，鹿背中空为凹槽，鹿腿蜷曲作跪伏状。通体鎏金。背部原嵌有贝壳，现已不存。汉人席地而坐时，为避免落座或起身时造成席子卷曲移动，便用镇置于席子四角。西汉时期的镇，材质多样，造型精美，动物型镇多以仙鹿、鸿雁等瑞兽为题材，寓意吉祥。

019

鎏金青铜博山炉

通高 23.1、炉腹径 13.3、
承盘口径 24.4 厘米

炉体似带盖豆，由炉盖、炉身、底座、承盘 4
部分组成，盖与身子母口扣合，通体鎏金。炉盖为
母口，圆雕，呈山峦起伏、云气升腾状，盖面因山
势镂孔；炉身子口微敛，呈半球形，鼓腹，圜底，
炉体肩部饰宽带凸弦纹一周，炉腹饰水波纹；喇叭
形座，浮雕 2 条升龙，龙身卷曲盘绕；圆形承盘，
平折沿，浅腹内收，平底，近底处下折 2 次，形成
二层底，盘内漆绘云气纹，与底座浮雕升龙共同营
造出龙腾出海的意境。

020

"官家平"青铜累

高 5.5、底径 8.8 厘米，重 1285.8 克

　　半球形体，鼻纽，平底。通体髹黑漆。器表铸刻隶书铭文："官家平"。"官家"二字说明此器是由官府颁发的标准衡器，对于研究西汉的权衡制度具有重要意义。

021

"大刘一斤"青铜环权

最大：直径 5.1、内径 1.7 厘米
最小：直径 1.1、内径 0.3 厘米

　　圆环形，最大者自铭"大刘一斤"，其余素面，保存完好。其重量从 3.5 克到 245.8 克不等，约合汉制六铢、一两、二两、四两、八两、一斤。环权即砝码，在西汉是与臂式衡杆配套使用的称钱工具，最小 1 枚重量与当时流通的五铢钱等重。

 022

筒形青铜漏

通高 38.6、口径 18.5、
足高 5.1 厘米

平顶圆形盖，盖面立方形提梁，提梁与盖面垂直对应位置各有一长方形孔以安插浮箭。器体呈圆筒形，子口，上腹部有两只对称衔环耳，近底部斜向下伸出空心流，下有三蹄足。漏刻属计时类仪器，由漏壶和箭尺组成，分沉箭漏和浮箭漏两种形制。此漏壶属典型单壶泄水型沉箭漏，在南方属首次发现。

羱羊银马珂

长 12.4、宽 10.0，厚 0.3 厘米

　　银质，形似杏叶。采用錾刻工艺制作，正面以台、采、脱錾技法饰高浮雕纹样，独角羱羊跃于祥云之间，羱羊作回首观望状、巨角弯曲、双目有神、胡子飘逸、尾巴高扬。其纹样颇具立体浮雕的艺术效果和西域文化特色，栩栩如生，堪称一件精美绝伦的艺术佳作。

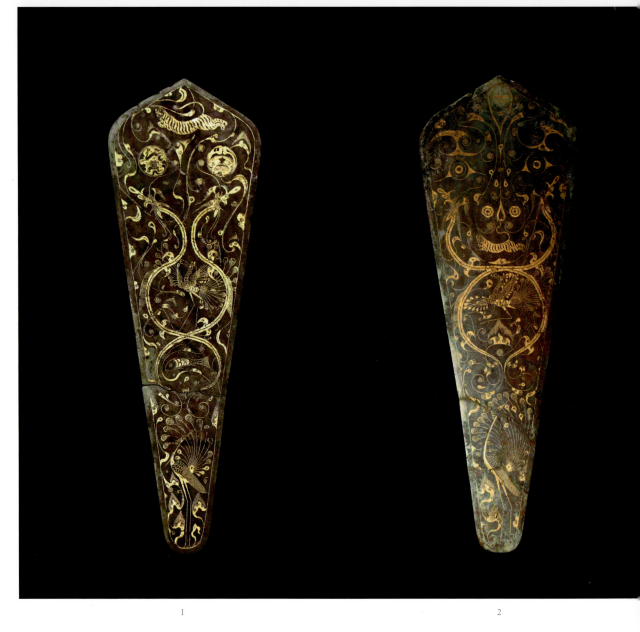

1   2

错金神兽纹青铜当卢

1: 长28.5、宽2.5～8.5厘米

2: 长28.0、宽4.5～9.0厘米

3: 长29.5、宽2.0～7.5厘米

4: 长26.0、宽3.0～9.0厘米

  一套4件，造型相同，仅纹饰略有差别，呈叶状，正面以中部相交的双龙为界，饰3组错金纹饰，工艺精美，画面层次清晰。顶端与中部图像元素均包含奔跑的虎、口衔珠的凤鸟，有的还饰金乌、玉兔、蟾蜍等。末端则饰扬首驻足、尾翎张开的鸟，纹饰之间饰以细腻精致、流转自然的云气纹。当卢是系于马头颅正当中的装饰器，因"卢"通"颅"而得名。

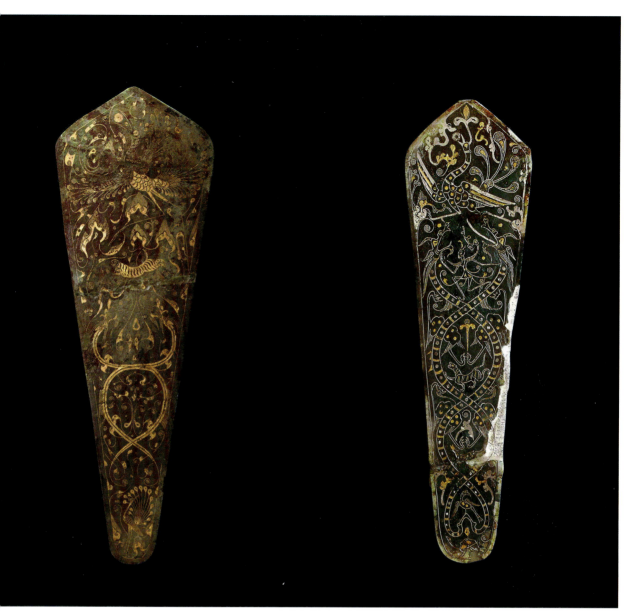

3 4

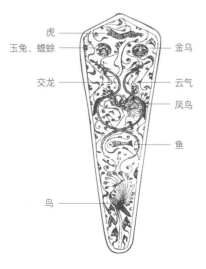

虎
玉兔、蟾蜍　　　　金乌
交龙　　　　云气
凤鸟
鱼
鸟

025

鎏金特角形银当卢

长 25.0、宽 9.4、厚 0.2 厘米

　　银质，整体似马面形，上宽下窄，腰部内收。鼻梁部分镂空呈菱形树梢，两耳内卷。正面阴线雕刻纹饰，纹饰部分鎏金。最上方为一只禽鸟，仰首，作展翅状，喙部较长。其下有一对盘曲的交龙，龙首上仰，龙嘴大张，龙须飘扬，四足。交龙盘曲呈四环，上环外各有一禽鸟，交龙尾部相连，环内有几何纹。

026

鎏金花瓣形青铜盖弓帽

通长 3.6 厘米

　　顶部呈四瓣花形，中间凸出似花蕊。花底连接一管形圆柱，连接处较细、有鼓状凸起、向下渐变粗，圆直管柱中部有一小钩、形如分枝。工艺精湛，上部采用鎏金工艺，下部采用错金银工艺，饰狼逐鹿图案。盖弓帽安装在伞盖弓最末端，兼具实用与装饰双重功能。

环首铁刀

———

长 79.5、宽 2.5、环直径 6.0、内径 4.5 厘米

    刀环首呈椭圆形，刀柄扁平，柄上有木质握手，有格。刀身细长，中部有一平直棱脊凸起。刀背较平直，斜刃最后收成弧形刀锋。从西汉中期开始，因适应骑兵马上挥砍，刀逐渐取代剑在战场上的地位。

钣金

———

长约 23.0、宽约 10.0、厚约 0.3 厘米

    平面呈长方形，薄片状。表面较为粗糙，边缘有浇口，浇铸而成。共出土 20 件，尺寸大小略有差异，重量不一，有的还留有剪切痕迹。

"元康三年"墨书饼金

直径 6.3、厚 1.2 厘米，重约 250 克

平面呈圆形，饼状，底面较为光滑，中部内凹并有铸造冷却时形成的龟裂纹，正面凹凸不平。墨书饼金共计5枚，隶书。墨书字迹残渺，通观五枚饼金，其内容为："南藩海昏侯臣贺所奉元康三年酎金一斤"。刘贺墓出土饼金是汉代高级贵族财富象征及酎金制度的实物见证，具有十分重要的历史文化价值。

裹蹄金、麟趾金

裹蹄金
大裹蹄金：长径 5.7 ～ 5.9，高 3.61 厘米
小裹蹄金：长径 2.5 ～ 3.3，高 2.5 厘米

麟趾金
长径 5.3 ～ 5.9，高 3.78 厘米

裹蹄金，分大、小两种，形制相似，均呈裹蹄状，中空，斜壁，前壁高后壁低，使顶部呈一斜面，底部较为规整。顶部镶嵌有琉璃或玉石，出土时有的镶嵌物缺失。近口沿处外围一周饰有采用花丝镶嵌等细金工艺制成的一组纹饰。裹蹄金底部或铸有或贴有"上""中"或"下"字，部分有损坏。裹蹄金共出土 50 件，其中大的 17 枚，小的 33 枚（含刘充国墓中出土的 2 枚）。

　　麟趾金，中空，斜壁，前壁高，后壁低底部呈椭圆形。顶部镶嵌琉璃或玉石，出土时有的镶嵌物缺失。近口沿处外围一周饰有采用花丝镶嵌等细金工艺制成的一组纹饰。后壁靠近纹饰一端有金丝攒成的花蕾状凸起。麟趾金底部铸有"上""中"或"下"字。共出土25枚。据史书记载，褒蹄金、麟趾金是汉武帝感于祥瑞频现而铸的纪念物，以此"班赐诸侯王"。

青铜动物玩具

虎：高 8.5、长 15.0、宽 6.0 厘米
骆驼：高 4.0、长 4.0、宽 1.0 厘米
野猪：高 2.5、长 7.5、宽 3.0 厘米
大角羊：高 6.0、长 7.0、宽 1.0 厘米

出土于刘充国墓，一组 4 件。造型为虎、骆驼、野猪和大角羊。虎首扬起，双耳后贴，双眼镶嵌玛瑙，炯炯有神，张嘴露齿，腰腹下沉，屈肢垂尾，虎颈部有一穿孔，爪下有轮，可牵绳推拉前行。骆驼圆首短颈，躯干浑圆，四肢粗壮。野猪双眼微凸，吻部前拱，獠牙外露，鬃毛高耸，肢体强健。大角羊头顶弯角，颈部粗壮，腰腹圆润，前肢站立，后肢并拢微微前曲，作昂首远望状。这组动物玩具整体体型偏小，造型生动，线条活泼，威武可爱。

虎

骆驼

大角羊

野猪

西周凤鸟纹提梁青铜卣

通高 38.2、口径 10.2 ～ 12.8、
腹径 23.7、足高 6.5 厘米

　　由卣盖和卣身两部分构成。器身扁圆。盖
呈椭圆形，盖面隆起，中部为一菌状纽，纽分
六瓣，分饰蝉纹，以纽为中心呈"十"字形分
布四条扉棱。卣身子口，方唇，垂腹，器壁对
称分布 4 条高扉棱，高圈足，扁条形低提梁，
提梁与器身衔接处各有一掌状角兽首。通体
以雷纹为地，盖面四区域内各装饰一凤鸟纹，
提梁上饰 4 组斜角顾首的夔龙纹，肩部为夔龙
纹，腹部对称饰有带歧羽的凤鸟纹，长冠勾
喙，尾端下折，圈足上饰双首共身龙纹。盖内
和器内底部有铭文"子畯父乙"。

第二章

美玉

海昏

南昌漢代海昏侯國遺址博物館

在中国古人眼里，玉是温润而有光泽的美石，玉器就是用这些美石雕琢而成的器物。刘贺墓园出土玉器材质多样，大致包括玉、玛瑙、水晶、琥珀、辉岩、灰岩、蛇纹石、黄蜡石等，总数超过400件（套），以玉为主。白玉洁白细腻，青玉色泽温润，硬度高，透明度好，籽料占比大。

汉代稳定的政治和繁荣的经济为琢玉业提供了良好的社会环境；丝绸之路开通，和田玉料源源不断输入，为琢玉业提供了高质量原料，玉器制作业进入全面发展阶段，制作工艺日益精湛，各类玉器的功能逐渐固定下来。由于炼钢技术的精进，钢砣、钢锯、钢刻刀的广泛使用，工具性能和工作效率随之提高，使得琢玉技术在继承春秋战国的基础上达到了崭新的高度，圆雕、浮雕、镂雕、阴线刻、阳线刻等技法日趋流行，抛光精细，各种纹饰都可以随心所欲地雕琢出来。刘贺墓出土的玛瑙、水晶器皆为硬度超过玉器的材质，打孔很细，孔边缘基本呈直角，是铁质、钢质工具在琢玉业应用的直接证据。

刘贺墓园出土玉器，包括圭、璧一类礼仪用玉，剑饰、佩、觿、瑗之类装饰用玉，印、带钩、耳杯之类生活用玉，枕、九窍、手握、琉璃席之类葬玉，共40多种。在这些琳琅满目的玉器中，玉剑饰最吸引人，数量多达95件，接近总数的四分之一。其中44件玉剑饰与145件各式玉器、玉料集中存放在西藏椁一件漆笥内，应为刘贺收藏的物品；其余48件出土时装饰在剑身或剑鞘上，既有木剑，又有青铜剑、铁剑，以木剑为主，最为重要的当属外棺盖板上的3柄玉具木剑，共饰有8件玉剑饰、内外棺之间1柄玉具铁剑、内棺1柄玛瑙具鎏金青铜剑，各饰有剑格、剑璏2种玉剑饰；这些玉具剑没有一柄装饰成套的4种玉剑饰，最多的也仅仅装饰3种玉剑饰。有意思的是刘贺长子刘充国墓出土了数把玉具剑，棺内出土的一柄玉具铜剑饰有4种不同材质的剑饰，剑首为青铜，剑格为琉璃，剑鞘饰玉

刘贺内棺玉器出土场景

剑璏、木剑珌；一柄玉具铁剑却饰有成套的4种玉剑饰，为我们认识西汉玉具剑玉剑饰的数量与佩带者身份地位问题提供了新的视角。过去出土成套4种玉剑饰的墓均为诸侯王墓，人们据此认为这是诸侯王玉具剑的标配。刘充国死时的身份为海昏侯国世子，还没有继承侯位，却随身佩带4种玉饰齐全的玉具剑，与刘贺随身佩剑仅饰2种玉饰的情况形成鲜明对比。同时我们也注意到，刘贺墓内外棺之间的玉具铁剑的玉饰质地是该墓园所有玉剑饰中最好者，属上等和田白玉籽料，琢制精工；刘贺随身佩剑剑饰为名贵的红缟玛瑙，质地纯净，制作精良，这是汉代墓葬出土的唯一一柄用玛瑙装饰的玉具剑，在众多汉代玉具剑中显得特别突出。相比之下，刘充国的佩剑，虽然4种剑饰齐全，但玉质较差，琢工欠精。

西汉前期，玉器主要延续了战国时期的风格，造型、纹饰等处于承上启下的过渡期，因而有时二者难以区分。西汉中期，由于儒学地位逐步提高，儒家"贵玉"的思想得到了继承和发扬，在玉器制作方面，出现了一些新的器类和器形，逐渐形成了新的艺术风格，呈现鲜明的时代特色。西汉后期，上层社会对玉器的使用确立了比较明确的规范，开始出现一些玉雕新题材。汉代玉器造型丰富多样，装饰纹样千姿百态，文化内涵多姿多彩，艺术风格自由不羁，琢玉工匠凭着海阔天空的想象力，以海纳百川、兼容并包的治玉理念，采用写实与写意并用的创作手法，舍弃细节，注重整体效果，着力表现创作对象的神韵，因此汉代玉器充满自由灵动的韵味，具有浪漫主义的情怀，成为古代中国玉器继新石器时代、商周、春秋战国之后第四个高峰。刘贺墓园出土玉器，除东周玉珩、玉舞人、红缟玛瑙剑璏、勾连乳丁纹白玉剑璲等少数为前代遗留下来的旧玉外，已不见先秦风格的玉器，都是西汉流行的器种，属于典型的汉玉，代表了当时官营手工业琢玉工艺水平，让我们得以通过刘贺墓园出土玉器窥见西汉二百年间玉器发展演变的轨迹。

中华民族有八千年玉文化史，是爱玉、崇玉、尊玉的民族，玉所特有的美丽光泽和温润内质受到人们重视和推崇，被赋予人文之美，对古代政治、礼仪、商贸、宗教、信仰乃至生活习俗和审美情趣产生深刻影响。儒家学派选择玉作为其政治理想和道德观念的载体，提倡"君子比德于玉"，以物喻人，将玉道德化、人格化，使得玉器既体现着拥有者的社会地位与财富，又表达人的思想境界、道德修养，形成一股用玉浪潮。汉代是玉文化传承与发展的重要时期，玉文化在先秦的基础上又有所创新，形成了新的艺术风格，涉及祭祀、朝聘、丧葬制度、日常生活以及装饰佩戴诸方面。汉代从长期贵玉、佩玉审美体验中把儒家道德美、人格美融入玉的材质、色泽、声响、工艺等有意味的外在形式中，升华出玉的五德，以呼应儒家仁、义、礼、智、信五种人格，从物质、精神两个层面赋予玉器美和德双重品格。汉代玉德学说不仅促进了玉器从种类到造型、纹饰到工艺的繁荣发展，还成为玉文化的重要内涵，也是汉代对后世玉文化的重大贡献。

汉代是目前发现玉器最多的时代，考古出土品及传世品均非常丰富，精品多集中于高等级贵族墓中。在西汉时期，白玉和质佳的青白玉主要出自诸侯王、王后以及列侯、侯夫人墓内，也有少量出自刘氏宗室墓或高等级贵族墓内，说明当时上等玉料资源都被帝王、刘氏宗室和高级贵族所垄断。由于西汉帝陵均未进行大规模发掘，目前能见到的级别最高的汉代玉器都出土于诸侯王墓。刘贺墓出土玉器时代涵盖西汉早、中、晚期，品质居汉墓之首，选料精良，造型优美，构图新颖，纹饰华美，雕琢精工，实现了形与神的统一，注入了汉代工匠巧妙的艺术灵感和雕琢技巧，体现着汉代乐观向上、一往无前的时代精神和雄浑豪放、自由洒脱的审美情怀。

033

"刘贺"螭纽白玉印

正方形边长 2.13、高 1.57 厘米

　　和田白玉，印纽有少量褐色沁。印纽为高浮雕幼螭，螭首三角形，曲耳，弯眉鼓眼，尖嘴，分支丝束长鬣毛，躯体呈C形，身饰鳞状纹，尾卷曲，螭腹下方钻成扁圆形穿孔。螭顶方形印身，光素无纹。印面无边栏，缪篆阴刻"刘贺"二字。此印通体打磨光亮，玉质之精美，螭龙造型之生动，字体规整之大气，雕琢技法之精湛，都十分罕见，属汉代玉印之精品，也是揭示墓主身份最直接的证据。

034

"大刘记印"龟纽白玉印

高 1.64、印面边长 1.76 厘米

和田白玉，有少量浅褐色沁。圆雕龟形印纽，龟首上昂，圆眼，龟背拱起，以脊棱为界，左右满饰阴线刻龟背纹，龟腹下方为多次钻孔形成的扁椭圆形穿孔。方形印身，光素无纹。印面无边栏，篆书阴刻"大刘记印"四字。

035

"容欢"白玉印

高 3.0、印面长径 2.0、短径 0.5 厘米

白玉，局部有黑褐色沁。呈纽钟形，半圆环形纽，纽内管钻一圆形穿孔。印体阴刻卷云纹，印面阴刻篆书"容欢"二字。出土于刘贺口内，系玉琀，用吉语印作玉琀，体现了一种独特的葬俗，表达了对死后生活的美好愿景。

蒲纹青玉璧

直径 16.9、内径 4.3、厚 0.49～0.53 厘米

　　青玉，局部有浅黄色沁。平面环形，厚薄
不均。玉璧两面内、外缘磨成斜坡状，各阴刻
一圈弦纹，两道弦纹之间浅浮雕规整、精致的
蒲纹。

青玉圭

长 16.12、宽 6.97、厚 0.81～0.89、孔径 0.61 厘米

　　青玉。扁平体，尖首长方形，圭体近底
部管钻圆形穿孔。素面无纹，通体抛光，形
制规整。汉代玉圭是重要的礼仪用玉，也是
身份尊贵的象征。

涡纹青玉璧

直径 18.0、内径 5.74、
厚 0.31 ～ 0.46 厘米

青玉。平面环形，厚薄不匀。玉璧两面
内、外缘各阴刻一圈弦纹，两道弦纹之间采用
磨刻和砣刻相结合的技法雕琢规整有序的涡
纹。出土于刘贺外棺头厢。

凤鸟纹青玉璧

直径 19.8、内径 4.5、厚 0.5 厘米

青玉，有少量灰白色沁。平面环形，器身两面内外边缘各饰一周阴刻弦纹，中间以双弦纹将纹饰分为内外区，内区饰涡纹，外区阴刻四组凤鸟纹。出土于刘贺长子刘充国墓，质地温润，纹饰精美，内区涡纹、外区凤鸟纹是汉代玉璧广为流行的纹饰特征。

凤首白玉觽

高 0.8、长 10.5、宽 4.5 厘米

白玉，表面钙化明显，有少量黑色沁。整体呈弧形，上端雕成凤首形，凤冠与凤首衔接处管钻一圆形穿孔。下端浅浮雕卧蚕纹。此器造型优美，轮廓规整，颇为精致。

041

兽面铺首三足白玉樽

高 2.5、底径 4.1 厘米

　　白玉，局部有黄色沁。直口，平沿，直壁，蹄足。樽内壁光素无纹，外壁上部和近底部各阴刻一圈弦纹，两道弦纹之间阴刻云气纹。外壁中部高浮雕两个兽面纹铺首，水滴眼，鼻凸作纽，中间管钻圆形穿孔。此玉樽精致小巧，造型奇特，兽面铺首惟妙惟肖。

042

绞丝纹白玉环

直径 6.0、内径 5.0 厘米

　　白玉，表面钙化明显。玉环正反两面均琢制成互不相交的线形螺旋纹，纹线阴阳相间、形如扭曲的束丝。绞丝纹玉环兴起于春秋晚期，战国时期尤其流行，在当时的各个诸侯国墓葬中多有出土，是东周至西汉时期玉器的典型代表。

夔龙纹青玉环

直径 9.48、内径 6.09、厚 0.56 厘米

　　青玉，有轻微风化。平面环形，内、外缘各阴刻一圈弦纹，内缘沿弦纹雕琢三组网格纹和涡纹。内、外缘弦纹之间浅浮雕三组相同的单首双体夔龙纹。

兽面纹白玉剑具

兽面纹玉剑格：长 5.5、宽 1.8、高 1.8 厘米
兽面纹玉剑璏：长 11.0、宽 2.3、高 1.3 厘米

　　包含兽面纹玉剑格和兽面纹玉剑璏各 1 件。二者皆为和田白玉。

　　剑格正视外轮廓近似长方形，上端中部琢一凹形缺口；侧面中间起脊；下端出尖，中有穿孔。兽面沿剑格中线左右对称，眼眶阴刻近似矩形，眼珠凸起，眼眶上方有外延向上倾斜的丝束眉。鼻子用两条卷阴线组成，并在两侧有阴刻弧线表示的须毛。以云

纹构成的躯体向左右两侧伸展。

　　剑璏有黄色沁。长方形，两端出檐、下垂，背面长方形仓偏向一侧。正面微拱，一端浅浮雕兽面纹，顶部两侧各有一角，角尖部向内弯曲，冠饰中间出尖形成一条直线延至另一端，直线两侧饰以 5 组对称的卷云纹，且正反相间分布；两侧缘呈斜坡状。

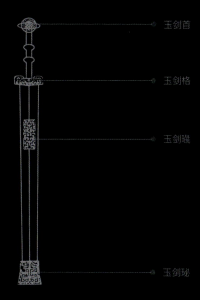

玉剑首

玉剑格

玉剑璏

玉剑珌

045

螭纹龙首白玉带钩

高 4.49、长 13.2、宽 1.46 厘米

　　白玉，局部有褐色沁。钩首龙形，鸭嘴形上下颌，颈部饰鳞纹；方体钩身，前宽后细，钩身修长，高浮雕大小两螭，两螭相对，大螭呈S形，小螭呈C形，小螭中部有一圆孔；螭体以阴刻弧线勾勒细节，侧面阴刻勾连纹；钩纽椭圆形，纽面阴刻龟纹。汉代人常用别致精美的带钩来凸显自己的身份与地位。《淮南子·说林训》记载，"满堂之坐，视钩各异"。

046

肉红石髓带钩

高 1.3、长 7.5、宽 1.9 厘米

　　素面无纹，色泽正。钩首作简约回首龙形，琵琶形，背面近尾部琢一椭圆形纽。

圆雕琥珀虎

高 1.31、长 2.0、宽 1.0 厘米

　　虎作伏卧式，抬头平视前方，用简练的阴刻线条勾勒出虎的口、眼、眉、鼻、耳及身躯、四肢，四肢弯曲，体形肥硕，臀部饱满，腹部对穿一孔。琥珀呈浅黄色，透明清澈，外观特征接近波罗的海琥珀。此器采用圆雕与线刻相结合的手法，线条圆润洗练，将虎的形象刻画得生动传神。

虫珀佩饰

长径 2.0、短径 1.5 厘米

　　椭圆形，呈浅黄色，中间对穿一孔。该珀内有一昆虫，位于珀体边缘，翅膀、足等部位清晰可见。

龙凤螭纹鞢形石佩

长8.6、宽7.9、孔径3.5厘米

鞢体心形，镂空浅浮雕，边缘出廓，鞢体阴刻卷云纹。左侧上部透雕凤鸟纹，凤鸟回首；左下侧透雕螭虎纹，螭身呈S形，身躯矫健，四肢刚劲有力。右侧透雕龙纹，龙身蜿蜒，张口含珠。

龙螭纹韘形白玉佩

长 11.1、宽 8.3、厚 0.38 ~ 0.5 厘米

和田白玉，片状，有黄沁。韘体心形，中孔圆大，中间再起一棱并于顶部出尖，两削斜肩，阴刻卷云纹，边缘出廓。左侧镂空雕龙纹，张口獠牙，口含龙珠，鬣毛后飘，右侧镂空雕螭纹，梯形头，曲耳，圆眼，直鼻，螭纹躯体细长弯曲。采用了阴线刻、浅浮雕及镂雕三种玉雕工艺。韘形玉佩由韘发展而来，"韘"是商代人们射箭时的拉弓勾弦用具，慢慢演化成饰品佩戴于腰间。

凤鸟纹白玉耳杯

高 3.1、长径 12.3、短径 7.8 厘米

白玉，有灰褐色沁。椭圆形，月牙形双耳，浅弧腹，平底。耳面饰左右对称的凤鸟纹。外壁两端浅浮雕兽面纹，其余阴刻鸟云纹、云气纹和柿蒂纹。外底饰一只与内底相似的抽象鸟纹。内底围绕主纹鸟纹双勾椭圆形阴线，外饰一周纹饰带，带内饰对称的凤鸟纹和云气纹。此杯由整块玉料雕琢而成，壁较薄，玲珑剔透，打磨抛光处理较好。

龙首纹龙形白玉饰

高 8.9、长 5.59、宽 5.58 厘米

　　白玉，带浅褐色沁。龙首前伸，圆眼，下颌上翘，上颌外卷，闭口；龙身竖直，两侧出勾形翼，背部饰一素面拱形横穿孔纽；龙尾盘旋呈筒形。通体浅浮雕蟠虺纹龙首纹。

熊形石嵌饰

高 5.25、宽 4.08、
厚 0.26 ~ 0.38 厘米

灰白色灰岩。片状，单面浅浮雕，呈侧身蹲踞式。面部宽扁，独角弯曲，双耳竖立，眉梢上翘，眼球圆凸，口巨张，歪嘴，露三颗上门牙。下肢单膝跪地，上肢摆出招手与抚胸姿势，手分五指如人手，指甲尖长，胸腹部浑圆，身形似熊。兽身以涡卷纹勾勒关节，以平行短线纹表现鬃毛。该器构图饱满，形象生动，活灵活现，目前出土文物中均未见过同样的形象，是一件罕见的精美石雕，代表着汉代高超的玉石工艺水平。

双狼噬猪纹石嵌饰

长 5.4、宽 3.7、厚 0.61 厘米

　　灰色蛇纹石化大理岩，有白黄色沁。片
状，左外侧下部残，单面浅浮雕双狼猎猪，猪
在下部，张口挣扎；左上方狼左前爪揪住猪颈
上鬃毛，撕咬其背；右上方狼左前爪擒住猪吻
部，右前爪按在左狼腿上，猛咬猪头部，画面
生动。

东周白玉珩

长 17.3、中部宽 2.7、两端宽 3.6,
厚 0.34 ～ 0.42 厘米

白玉,局部有黄褐色沁。薄片状,弧形,双面雕合体双龙,两端龙首对称,叶形耳,水滴形眼,口微张,上唇厚大微翘,下唇内卷,下獠牙尖锐。龙身砣刻弧线,饰云纹和如意纹,拱背正中一穿。

东周谷纹白玉勒

长 5.57、粗端直径 0.94、细端长径 1.06、短径 0.84 厘米

白玉,局部有浅黄色沁。圆柱体,对穿一圆孔,两端粗细不一,粗端微收成圆形,细端渐成椭圆形。器身浅浮雕和阴刻规整饱满的谷纹。

东周白玉舞人

高 9.3、宽 3.05、厚 0.4～0.42 厘米

　　白玉，有淡黄色沁。片状，双面透雕舞女，瓜子脸，长直鼻，前发扇形覆额，脑后长发编辫，两鬓有盛鬌。身着右衽曳地长袍，腰间束带，左臂上举，扬袂于头上作舞，右臂横置腹前。玉佩细部由单阴线刻划，上、下各凸起一个半圆形穿孔，可供系佩。此玉佩色泽温润，线条优美，舞人形象栩栩如生，具有极高的艺术价值。此类玉舞人的形象流行于战国，是墓主人收藏的旧玉。

第三章

丹漆海昏

漆器是秦汉时代从物质到精神层面发生社会变革最重要的物质载体，是西汉生产形态、生活方式、社会时尚、审美趣味、思想观念、信仰习俗和时代精神的集中体现。西汉漆器，不仅设计巧妙，造型美观，用料考究，工艺精致，色彩鲜艳，纹样绚丽，而且产品标准化程度高，向生活化、世俗化、商品化方向发展，应用于社会生活的诸多方面，使用漆器是为了方便生活、享受生活，更是优雅生活品位的体现。

刘贺墓出土漆器约3000件，既有耳杯、盘、碗、卮、樽、壶、杯、勺等饮食器皿，也有奁、笥、盒、匜、量、杖、笔、梳、篦等生活日用器，弩、箭箙、盾、皮舼、铗鞘、刀剑鞘、剑椟、兵阑、柲之类武具，六博具、围棋盘、琴、瑟、摇铃筒、钟磬架、鼓、钟鼓槌之类娱乐器与乐器用具，衣镜、屏风、榻、几、案、俎之类陈设器，棺、枕、温明、俑、偶乐车马之类葬具与明器等，是目前已知西汉墓葬中出土漆器品种、数量最多的一处。

刘贺墓漆木器在制作工艺、装饰方式上远超同期高等级墓葬出土物，是出土纻器、釦器和贴金嵌铜镶宝石器等高档漆器数量最集中、保存最好的墓葬，胎体主要有木、夹纻以及少量青铜、竹、陶等。漆器因胎质与器形的差异而采用相应的制作方法，木胎漆器有斫制、挖制、卷制、旋制和雕刻，同一件器物，往往数种技法并用，如仿青铜器形的折腹漆盘，在制作时先斫制出基本外形，再旋制出内腔和外壁，经挖制法修整，做出折腹的形状。出土有大量夹纻胎漆器是刘贺墓出土漆器的一大特点，仅口径达70厘米的夹纻胎大漆盘，就出土了数十件。纻胎器往往有银釦，自名"绪银某"，比如漆器铭文"绪银酒杯五十枚""绪银六升盘五十枚""绪银樽十枚"，是指麻布胎银釦漆杯、盘、樽，绪银樽器形、大小接近于过去我们命名的卮，刘贺墓出土者自名为"樽"，使我们得知此物当时称樽。

漆器成批出土场景

　　釦器是指口沿用金属装饰、加固的漆器，有加铜边、铜耳银边者，也有纯以金镶边者，是适应漆器胎骨减薄而创新的一种加固技术，西汉中后期发展成为上等漆器的装饰工艺，各工种分工明确，管理严格，需由素工、髹工、上工、黄涂工、画工、泂工、清工、造工等经多道工序分工协作制成。金箔贴花是西汉时期制作高级漆器的工艺技术，有时还贴上用金银薄片剪出的图样，在器盖上镶嵌柿蒂形金属饰件，用玉、玛瑙、水晶或琉璃珠作盖纽，再施以多色彩绘，金银相间，黄白争艳，色彩斑斓，是汉武帝以后社会崇尚奢华生活的体现。

　　刘贺墓漆器纹样，主要包括动物纹、几何纹、自然景物、植物纹、人物故事纹以及铭文，每个类别又有许多装饰纹样，依装饰器物随形变化，运笔稳健准确、线条流动多变、着色富丽和谐，即使是同一题材，也不雷同，对装饰的部位、比例的权衡也颇具匠心，比如，云气纹是使用最为广泛的纹饰，云气纹与神兽组合的云兽纹是盘、碗、耳杯内心最为常见的一种纹样，仔细观察，可以发现云气流动的方向、神兽的动态以及二者的组合方式富于变化。文字书写方式有刻划、漆书或画印章等形式，有的漆器还集多种书写形式于一体。从文字内容看，主要有制者标记和物主标记，制者标记，一方面是"物勒工名，以考其诚"的产品责任制的体现，带"昌邑"款的漆器，记录了器名、制作时间、用料、制作人等内

陶胎漆罐

"昌邑十一年"漆笥局部

容；另一方面，也是品牌宣传的有效手段，与当代商标具有同等功效，诸如"大所曹""张""王""巨王""梅氏""庞氏"等；大量带"昌邑"款识的漆器，说明昌邑王国有自己的专属漆器作坊。

在装饰用色方面，以红、黑为主基调，并注重对比色的应用，还发展到多彩，用红、黑、黄、白、褐、绿、金、银等漆料绘画，使之更加华丽。彩绘是漆器中最基本的装饰技法，通常油彩绘和漆彩绘兼用，漆彩绘是用颜料调和漆，绘于器物上；油彩绘则是把朱砂等颜料调和桐油，绘于已髹漆的器物上。孔子徒人图漆衣镜匣，漆彩绘和油彩绘并用，通过形、色、质等造型手法呈现画面中的艺术形象，图文并美，是西汉漆器彩绘的典型代表。

刘贺墓出土漆木器，是江西汉代漆器的首次大规模出土，也是全国西汉漆器出土最集中、最系统的一次，品类之多样、数量之巨大、造型之精美、装饰之瑰丽、工艺之精致、质量之精良、价值之贵重，远超同时期墓葬，该墓绝对年代清楚，为研究汉代漆木器形式设计、胎体制作、髹漆技法、装饰工艺、艺术形态、造物理念、装饰纹样、器物形制、器物组合、器用等级以及诸侯王国漆器生产组织管理提供了珍贵资料。

对鸟纹漆耳杯

高 6.5、长 16.5、宽 14.0 厘米

　　斫制木胎，呈椭圆形，敞口圆唇，曲腹平底，矮圈足，外壁两侧附有月牙形耳。杯表髹黑漆，双耳面、外口沿以朱漆于黑地上勾画一圈带状勾连涡云纹，以曲线和折线相连，其上下各以两周弦纹分隔，杯腹绘四组对鸟纹；外底朱漆书写"李具"二字；里髹朱漆，光素无纹饰。耳杯是汉人常用的饮食器具，因其两耳形状类似鸟的双翼，故又有"羽觞杯"之称，汉代漆器继承了楚式传统，漆耳杯多以红黑为主色调，纹饰亮丽，题材多样，是汉人丰富饮食文化的生动例证。

059

"绪银"云兽纹漆耳杯

高 4.0、宽 12.8、口径 9.8 ~ 16.4、
底径 5.0 ~ 10.0 厘米

夹纻胎,椭圆形,两侧月牙形
耳,圆唇,弧壁,平底,矮圈足。口
沿及外底部耳沿各有一圈银釦,外底
刻有"绪银酒杯五十"铭文。表髹黑
漆,里髹朱漆,唇部口沿、内底均髹
黑漆,内底用红漆绘有流动飞扬的云
兽纹。

060

漆耳杯

高 4.4、宽 10.9、口径 8.8 ~ 14.3、
底径 3.8 ~ 7.8 厘米

夹纻胎,椭圆形,两侧月牙形
耳,圆唇,弧壁,平底。表髹黑漆,
里髹朱漆,唇部口沿及内底部均髹黑
漆,通体素面无纹饰。

061

"大所曹"漆耳杯

高 4.5、长 14.0、宽 13.0 厘米

斫制木胎，椭圆形，两侧月牙形耳，圆唇，弧壁，平底，矮卷足。表髹黑漆，里髹红漆，唇部口沿髹黑漆。内底上用黑漆书写文字"大所曹"。

062

漆圆平盘

高 3.9、直径 72.0 厘米

　　夹纻胎，折沿，直口，浅腹，平底。盘内
中间一周黑漆将盘面分为三个区，内外区髹朱
漆；背面髹黑漆。

"御酒"漆圆盘

高 5.0、直径 25.0 厘米

　　夹纻胎，宽折沿，敞口，折腹，小平底，矮圈足。器表髹黑漆，口沿和内底髹黑漆，器内壁髹朱漆。内底中部刻划铭文："御酒乐慎毋言"6字，外底上刻有"名曰寿欢御酒承般此寙完日乐无患"15字。同出漆耳杯，一件内底刻有"食官慎口"，一件内底刻有"御酒杯慎口"，寓意深刻。

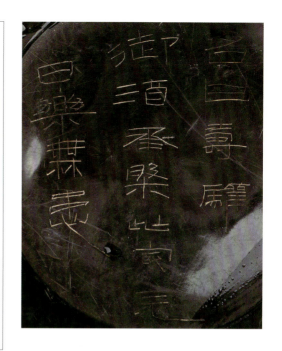

"绪银"云兽纹漆盘

—————

高 4.3、直径 22.5 厘米

夹纻胎，圆形，撇口，折沿，方唇，弧腹，平底。表髹黑漆，口沿、内壁近口沿处、内底均髹黑漆；里髹朱漆。口沿及底部各有一圈银釦，口沿外侧刻有"绪银六升盘五十枚"铭文。内壁近口沿处用朱漆绘一圈三角形和变形鸟头纹，内底绘有三条卷曲状云兽纹。

065

"医工"漆盘

———

高 3.0、直径 17.0 厘米

旋制木胎，平折沿，方唇，斜折腹，平底，挖足。表髹黑漆，口沿、内壁近口沿处和内底心均髹黑漆，内底用黄漆书写"医工五叶汤"五字；下腹、内底髹朱漆。在汉代"医工"是诸侯王国所属的医务人员，"五"是器物计数编号，"叶汤"是中医"根汤、茎汤、花汤、叶汤、果汤"五种养生汤中的一种，此盘应是刘贺生前经常使用的养生器具。

066

"绪银"云兽纹漆盘

高 5.1、直径 24.2 厘米

　　夹纻胎，圆形，敞口，折沿，方唇，弧腹，平底。表髹黑漆，口沿及内底髹黑漆；里髹朱漆。口沿及底部各有一圈银釦，口沿外侧刻有"绪银六升盘五十枚"铭文。内壁近口沿处绘有一圈卷云纹，内底绘有三条卷曲状云兽纹。

漆盘

高 8.0、直径 34.8 厘米

夹纻胎，宽折沿，敞口，折腹，平底。外壁髹黑漆，口沿和内底髹黑漆，内壁髹朱漆。外壁近口沿处用朱漆绘云气纹，口沿、内壁近口沿处用朱漆绘篦点纹和变形鸟头纹，内底用朱漆绘云兽纹。

"绪银"漆碗

高 6.5、直径 16.0 厘米

　　夹纻胎，敛口，折沿，方唇，束颈，直弧腹，平底，矮圈足。口沿、中腹、底部均有银釦。器表、内底髹黑漆，用朱漆绘云气神兽；内壁髹朱漆；外底刻有"绪银椀十枚"五字。"绪"即"纻"，指粗麻布，是指夹纻胎工艺，以木或泥做成内胎，再将若干层麻布附在内胎上，待麻布干实后，去掉内胎（即"脱胎"），以麻布为胎骨。

069

漆勺

——————

通长 55.0、勺宽 10.0、深 5.0 厘米

　　斫制木胎。分勺头、勺柄两部分。勺头呈瓢状，勺柄中折，以折处为界分上下两部分。勺柄上部较宽，髹朱漆；下部窄长，剖面呈半圆形；半圆形柄部在转折处自然膨大与长方形柄部相接，下接勺头。勺柄饰云气纹、变形鸟头纹，勺头背面用朱、黄两色漆描绘云气纹，正面髹朱漆，素面无纹饰。《仪礼·士冠礼》郑注："勺，尊斗也，所以斟酒也。"勺作为一种挹取工具，通常用其来舀酒。

070

云气纹漆勺

通长 16.8、柄长 8.2、勺头 5.8～8.6 厘米

斫制木胎。分勺头、勺柄两部分。勺头呈瓢状，浅弧腹，圜底，勺柄窄长。通体髹黑漆，勺头背面绘有黄色云气纹。在刘贺墓中与食盘相配，当为取食用具。

071

"甲子"漆壶

高 22.0、直径 17.0 厘米

夹纻胎，侈口，平唇，长颈微束，鼓腹，平底略内凹，圈足。表髹黑漆，里髹朱漆。器表饰云气纹、三角形纹。外底刻"甲子"二字。

贴金箔动物纹筒腹漆樽

———

高 17.0、直径 25.0 厘米

夹纻胎，由器身和器盖两部分组成。器盖微隆起，顶部为青铜凤鸟纽座，绕以三对称的青铜凤鸟纽，器身呈圆筒形，直口，直壁，嵌一对青铜铺首衔环，平底，三个熊形青铜足。盖纽座外、口沿处、器腹中部、器底有银釦，器表髹黑漆，里髹朱漆，纹饰均由金箔贴成，云气缭绕，各类动物奔走其间，栩栩如生。汉代此类樽是盛酒器，多与勺、杯配套使用。此樽工艺精巧，华美绝伦，在造型、装饰上代表了西汉漆器制作的巅峰水平。

"绪银"云气纹漆樽

高 14.0、直径 16.0 厘米

夹纻胎，圆筒形，直口，直壁，平底。表髹黑褐色漆，里髹朱漆。器表饰云气纹、鸟头纹。口沿处、腹中部和底部均有一圈银釦。有双环耳錾。外底刻有"绪银樽十枚"铭文。

074

漆卮

通高 12.7、直径 10.2 厘米

　　夹纻胎，分为卮盖和卮身两个部分。卮盖为弧顶，盖顶中心饰银质柿蒂纹，其上有一半环形纽，其外镶嵌一周带状银釦。盖顶周缘及盖口各镶嵌一周带状银釦。卮身为圆筒形，直口，圆唇，直壁，平底。表髹黑褐色漆，里髹朱漆。口沿、腹中部和底部均有一圈银釦。口沿与中部银箍之间有双环耳錾。

075

朱漆卮

高 17.0、直径 23.0 厘米

卷制木胎，圆筒形，圆唇，直口、直壁，平底。通体髹朱漆，内壁口沿处髹一圈黑漆。外壁饰黑漆描绘的云气纹、三角纹和变形鸟纹纹饰带。

椭圆形漆子奁

夹纻胎。器盖呈椭圆形，圆弧顶，圆唇，直口，直壁，外髹黑漆。椭圆形奁体，直壁，平底，外髹黑漆，内髹朱漆。

通高 5.6、口径 3.6～7.6 厘米

云气纹漆长方形子奁

盖：高 5.7、长 7.5、宽 3.1 厘米
奁：高 5.3、长 7.1、宽 2.3 厘米

夹纻胎。器盖长方形，盝顶，外髹黑漆，盖顶部及其边缘用朱漆和黄漆绘三角、菱形等几何形纹，外壁饰云气纹。奁体深腹，直壁，平底，外髹黑漆，外壁近口沿及底部饰两圈弦纹，中间满饰云气纹。

十一子漆奁

通高 5.5～6.0、口径 4.0～4.5 厘米

　　子奁夹纻胎，圆筒形，上宽下窄。盖面凸起，饰两周弦纹，中心嵌饰银柿蒂纹，外侧饰一圈云气纹，有银釦边。通体髹黑漆，器身朱绘形态各异的卷云纹。母奁残损，现存子奁11件。

079

银釦三子漆奁

————

母奁：高 10.0、直径 24.5 厘米

母奁圆柱体，盖身套合，盖面隆起，顶面饰一道银饰，并镶有银制四叶柿蒂纹，器身、盖外壁均饰三道银釦，器表髹黑漆，朱绘云气纹及几何纹。奁内装圆形、长方形、马蹄形三子奁，三子奁装饰风格与母奁相同。马蹄形子奁中放有三把梳篦。

云气纹长方形漆笥

通高 5.5、长 67.3、宽 6.1厘米

　　夹纻胎，分为盝顶式盖和长方盒状身两部分，笥身圆唇、直口、直壁、平底，近底部加贴一圈，形成子口，便于与笥盖扣合。器表髹黑漆，里髹朱漆，所有纹饰皆在黑地上用朱漆描绘，盖面绘云气纹，4个坡面饰几何纹饰带，外壁绘云气纹；器体饰有一周写意四瓣花纹饰。

云气纹长方形漆笥

通高 18.2、长 53.6、宽 19.0厘米

　　夹纻胎，分为盝顶式盖和长方盒状身两部分。器表髹黑漆，里髹朱漆，器表朱漆绘云气纹。

082

"巨王"长方形双层漆笥

高 4.5、长 23.0、宽 7.1 厘米

夹纻胎，长方盒状器身，分两层，下层作抽屉式暗层，失盖。器表髹黑漆，里髹朱漆，上层内区黑漆地上用红漆书写"巨王"款，汉代此式漆笥尚属首次发现。

银釦贴金人物动物纹漆笥

通高 8.0、长 19.54、宽 7.0 厘米

　　器体呈长方形，由委角式器身和盝顶式盖二部分子母口相扣合而成。器壁分内外层，外壁和器底为斫制木胎；内壁为夹纻胎，卷制，紧贴于外壁，向上延伸为子口。子口和器底都有银釦。盝顶式器盖的平顶和四面坡为木胎斫制，四壁为夹纻胎卷制，盖平顶与四面坡、四面坡与四壁之间及盖口均有银釦。器盖、器身四面各饰有一个铺首衔环。外髹黑漆为底色，用红漆绘云气纹，通体贴金、银箔构成主题纹饰，有云气纹、人物纹及动物纹。内髹朱漆，盖内用黑漆绘珠鳖纹，衬以云气纹；内底用黑漆绘流云纹。此笥集西汉时其斫木、夹纻、彩绘、釦银、贴金、镶铜等众多漆器工艺于一体，展现了西汉高超的漆器制作工艺。

流云纹漆方案

通高 13.6、长 58.0、宽 37.0 厘米

　　斫制木胎，长方形案面，四蹄足，四边有沿，沿面饰云纹和三角纹。案面中心以朱漆为地，以黑漆绘流云纹。外侧以黑漆为地，以朱漆描绘一圈云气纹。再外侧髹一圈朱漆。漆案上常放漆盘、漆耳杯及漆卮等食具。此漆案造型轻巧，四沿高起构成"拦水线"防止汤水外溢。

龙纹漆方案

通高 17.2、长 57.1、宽 41.2 厘米

　　斫制木胎。长方形案面，四边起沿，四角嵌铜案角，铜马蹄形四足。案面黈黄褐色漆为地，纹饰分三个区呈回形分布，内区以朱、黑两色漆绘卷体龙纹，首首对称、尾尾相接，接连不断，间饰神兽，或四足伏立，或昂首挺立，绕以一圈几何变形鸟头纹纹饰带；中区素面；外区以朱、黑两色漆绘卷体龙纹、神兽纹、云纹。

漆圆案

通高 10.0、直径 38.0 厘米

　　斫制木胎，案面呈浅圆盘形，三矮足，背面有三道凹槽，用以放置折叠案足，案足折叠后，就成了一件浅平盘，一器两用。中间一周黑漆将案面分为三个区，内外区髹朱漆；背面髹黑漆。

087

铜座漆杯

通高 19.0、口内径 6.6、口外径 7.6、足高 5.2、
足底径 6.7 厘米

　　由漆杯和铜座两部分胶合而成。
直口，深筒形腹，豆形铜座。器身旋
制木胎，呈圆筒状，口部有铜釦，表
髹朱漆，以黑漆勾绘带状纹。

088

漆俎

通高 18.2、长 39 .0、宽 21.2 厘米

　　斫制木胎，长方漆案面，两侧向上卷起，
两端各有四圆形足，分别榫接在案板和长条形
横足座上。两侧卷起部分髹红漆，其余部分髹
黑漆。

漆榻足

通高 34.5、通宽 23.5 厘米

斫制木胎，表髹朱漆。整体造型为一屈膝半蹲式熊，小耳圆眼，长吻突出，咧嘴露舌；左脚着地，左腿弯曲，左爪放于左膝上；右脚部分残缺，右腿弯曲，右爪放于右膝上。熊的五官、身体、四肢纹饰均由黑漆描绘。此足造型憨态可掬，栩栩如生。

漆量

口径 16.2 ～ 45、底径 11.3 ～ 40.5、
柄长 10.3 厘米

斫制木胎，通体髹黑漆。椭圆形体，弧
腹，圆短柄，有錾。经实测合约4升，相当
于汉制2斗。按照《汉书·律历志》的记述：
"量者，龠、合、升、斗、斛也，所以量多少
也。本起于黄钟之龠，用度数审其容…合龠
为合，十合为升，十升为斗，十斗为斛，而五
量嘉矣。"

青铜镜

孔子徒人图漆衣镜

残长96.0、宽68.0、厚6.0厘米 (拼合后)

衣镜由青铜镜、镜匣与镜架组成。铜镜整体呈矩形，正面为抛光镜面，背面为素面，四角与中部各有一半环状纽。镜匣分为镜框、背板和镜掩3部分，镜框和背板连成一体，铜镜嵌于背板上，镜框围在铜镜四周，镜掩在镜框内，有铜合页将盖板与镜框相连，合盖时镜框与盖板形成一个平面，镜匣两侧下半部各有1个铜环。

镜匣正面以黄漆为底色，四周镜框上绘有四神、西王母、东王公等仙人灵兽。镜匣背面髹朱漆，绘有孔子及其5位弟子的图像并以汉隶黑漆书写相关人物的题记。在四周方框绘以黄色粗线，方框内以两条黄色粗线将镜匣等分为3部分，各部分结构布局基本一致，均为中间彩绘相向而立的两个人像。上栏为孔子和颜回，中间一栏为子赣与子路，下栏为堂驷子羽和子夏。

镜匣正面

镜匣背面

长方形漆带钩盒

通高 3.5、长 19.0、宽 10.5 厘米

斫制木胎。呈长方形，分为盒盖、盒身两部分。盒盖呈盝顶形，内挖两道平行等长的长条形凹槽，内面上有 3 个大致成等边三角形分布的小圆洞。盒身平口直壁，下方刻有一圈凹陷与底部分隔，盒底呈一趴伏动物状，可见简单浮雕的四足、首、尾等部。盒身内依带钩随形挖两道平行等长的凹槽。盒盖平顶外缘部以朱漆画有一圈宽带方框，盒外皆髹黑漆，内髹朱漆。

蟾蜍形漆研

高 4.5、长 12.0、宽 9.5 厘米

　　斫制木胎，由盒盖与盒身扣合而成，通体髹黑漆。盒呈蟾蜍形，蟾蜍吻部前凸，双眼与鸣囊外鼓，栩栩如生；盒身可见蟾蜍四肢，呈爬伏状。研板嵌入盒身，形成子口，盒盖内侧有母口与之扣合，并刻有圆形与方形的凹槽，以盛放圆形研石与方形墨锭。研板，平整光滑，平面近长方形，弧边圆角，中心微内凹，可起到研堂与研池合一的作用。

漆墨盒

长 22.0、宽 7.0、高 1.5 厘米

斫制木胎，通体髹黑漆。扁平长方盒状，由盒盖和盒身组成。盒盖外顶部用银片贴饰窄长的变形四叶柿蒂纹，其外贴有一圈方框银环，口沿上有银钮。盒盖内有一长方形平底凹坑，凹坑一端保留一平台，平台上有一小正方形凸起（方形边角被磨圆）。盒身口沿有一圈银钮，内部有一长方形平底凹坑，与盒盖上的凹坑扣合后形成盛放墨锭的空间，盒身凹坑一端亦保留一平台，平台上有一小正方形凹坑，与盒盖内小正方形凸起相套合，用以固定。盒盖外表分布两圈纹饰，外圈为几何三角形和变形鸟头纹组成的边缘纹饰带，纹饰带两边各有两条边线。内圈为主体纹饰带，绘有龙、鹿、凤鸟、猛虎、山羊等神兽、神人、动物纹饰。两圈纹饰均以云气纹衬托。盒盖内部，小正方形凸面中部贴有银制四叶柿蒂纹，四周围绕云气纹，外有两圈方形边框。盒身素面无纹饰。出土时其内装有一整块墨锭，此为迄今考古所见最早的墨锭与墨盒。

漆盒圆研

通高 3.5、盖直径 10.9、
研直径 10.8 厘米

由研板、研石、盒盖、盒身4部分组成。
青色细砂岩质圆形研板，平整光滑，研面有墨
痕。研子呈圆柱状，上窄下阔，便于手握，顶
部以银片贴饰四叶柿蒂纹。盒盖、盒身为斫制
木胎，子母口扣合，表髹黑漆，里髹褐漆。盒
盖上留有装研石的凹槽，内以黑漆绘云气纹。
盒身尺寸稍大于研板，呈扁平圆形，用以承托
研板，研板嵌入盒身，形成子口，与盒盖扣合。

龙纹漆铩鞘

残长 47.6、宽 2.9～4.3 厘米

　　残存部分由镡、铍、漆铩鞘3部分组成，未发现柄。镡为铜制，形状如剑格，中空，上有孔，两侧弯曲呈月牙状。铍为铁制，锈蚀严重，残存于漆铩鞘内。漆铩鞘木胎，长条形，上端近格部稍宽，尾部较窄小。通体髹黑漆，器身用黄漆衬底作窄长三角形，三角形内以黑漆绘有龙纹，龙首昂扬，吻部前凸，张口，龙身卷曲修长，四肢粗壮。外圈以黄漆绘流动飘扬的云气纹烘托。《说文·金部》："铩，铍有镡也。"该铩的造型特征与文献记载一致。

097

龙纹漆盾

长 90.5、上宽 13.5、下宽 55.5 厘米

木胎，表髹朱漆。正面绘有龙纹，龙首昂扬，双耳直立，双眼凸起，吻部前凸上翘，口大张露出獠牙，须发长而向上飘扬，鳞甲细密，腹部涂白，龙身卷曲修长，四肢粗壮，龙爪张开有力，矫健勇猛。此漆盾的形状，属于秦汉时期流行的凸字盾，即整个盾牌上小下大，近似一个"凸"字。而盾牌正面中央有一条向上凸起的脊，脊的左右两侧对称，如坡状伸向边缘，形成两道双弧曲线。背面中轴线上，有一盾鼻。

漆盾

长 86.1、宽 40.2 厘米

夹纻胎，长方形，两端呈圆弧状。漆盾残为两半，正面中央有一条凸起的脊，左右两侧对称。正面通体髹朱漆，以黑漆在左右两侧饰相对称的云兽纹。盾尺寸较大，胎骨较薄，不具备实战功能，应是礼仪用盾，属专供武舞使用的步盾。

漆瑟

残长 83.5、残宽 37.0 厘米

　　瑟，木胎，首尾两侧髹黑漆。二十五弦，四铜枘。

漆摇铃筒

长 16.0、面径 5.0 厘米

　　斫制木胎，通体髹黑漆。摇铃筒中间细两头粗，呈哑铃状。一端为较浅的凹圜底圆坑，另一端镂空较深，用以安装铜球形铃铛。两端用朱漆彩绘三角形蕉叶纹，蕉叶朝向镂空的一端。纹饰下方各有一周彩绘红线。

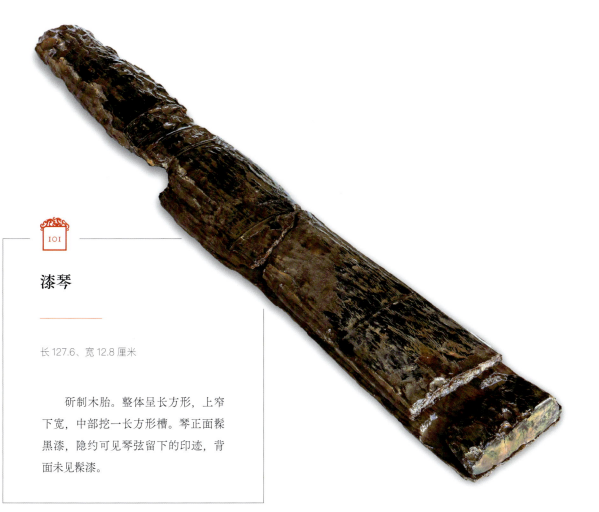

漆琴

长 127.6、宽 12.8 厘米

　　斫制木胎。整体呈长方形，上窄下宽，中部挖一长方形槽。琴正面髹黑漆，隐约可见琴弦留下的印迹，背面未见髹漆。

老翁漆木俑

高 42.0、宽 14.0 厘米

坐姿，长方形脸，额头宽平，双目张开，鼻梁高挺，口部微张，嘴角布满皱纹，左手五指清晰，掌心朝下撑于腿部腰胯处，右手残缺。头戴无巾无帻的小冠，身着长袍，衣物纹理清晰可见。整体雕刻风格活泼，人物慈眉善目，气质祥和。俑是中国古代丧葬中使用较普遍的一种随葬明器，我国以俑陪葬的习俗始于春秋，于秦汉时盛行，是汉人"事死如事生"的丧葬思想和逝后升仙理想的具体体现。

男侍漆木俑

———

长 34.0、宽 18.0 厘米

跪姿，单膝跪地，左臂自然下垂，右臂缺失，右手置于右膝上。头戴无巾无帻的小冠，身着长袍。长脸，耳、鼻清晰可见。侍俑在汉俑中最为常见，且数量最多，其所代表的是宫内及贵族府邸内的男女侍者形象。刘贺墓中随葬有大量侍俑，这些俑正是墓主人生前侍者的化身，反映了墓主人生前奴仆成群。

女乐漆木俑

长 33.0、宽 19.0 厘米

　　站姿，腰部处断裂。身着长袍，广袖，束腰，袍下身似裙状膨起。头顶圆形，瓜子脸，新月形双耳，鼻子呈水滴形，嘴巴隆起。一只手持乐器弹奏，另一只手缺失。整木可见黑漆彩绘。乐俑雕刻细腻，形象生动，这是墓主人生前歌舞升平生活的真实写照。木俑注重头部与面部的雕刻，并施彩绘以表现色彩艳丽的服饰，既反映了当时雕塑艺术的水平和成就，又可考证当时人的生活习俗、衣着服饰及丧葬礼俗。

女侍漆木俑

长 45.5、宽 11.3 厘米

　　站姿，双手合拢交于腹部。躯体以整木雕成，梳高髻，长脸，长颈，面部清秀，神态娴静。身着长袍，广袖，袍下身似呈裙状膨起。俑是一种专供陪葬的明器，又叫偶人。在商和西周时期的大中型墓葬中，"人殉"现象十分普遍，随着社会的进步和对人的价值的日益重视，至春秋战国时期，俑的发明与推广逐步替代了丧葬礼仪中所用的活人殉葬。

第四章

書香

海昏

南昌漢代海昏侯國遺址博物館

刘贺墓出土简牍类文物主要包括竹简、木牍、木楬和封检四大类。西藏椁5个漆笥中发现5259枚竹简，内容涉及六艺类、诸子类、诗赋类、数术类、方技类文献以及六博棋谱，另有500余枚竹简与昌邑王国、海昏侯国的行政事务和礼仪等有关，按照出土文献定名通则，可以称之为海昏简。

海昏简牍中与"六艺"有关的文献有《诗经》类、《礼记》类、《春秋》经传类经传，表明汉代分封的诸侯王国，不仅是一个行政管理区划，还具有一定的文化传播功能，海昏简出土于江西地区，代表了汉代儒家思想在长江以南地区的传播情况。从这一点来看，至迟在公元元年以前，汉政府对南方地区进行的有效治理不仅包括行政管理，还包含思想文化的统治。

海昏简"六博"类简有1000多枚，所记棋道名称，可与《西京杂记》所记许博昌所传"行棋日诀"、尹湾汉简《博局占》、北大汉简《六博》等以往所见"六博"类文献基本对应。海昏简六博棋谱尚属首次发现，结合既往所见六博棋局实物与图像资料，有益于汉代宇宙观念、六博游戏规则等思想文化与社会生活等方面的研究。

海昏文书木牍主要有《除海昏侯国诏》和刘贺夫妇上书木牍，分别收藏在不同的漆笥内。这些木牍以单块木牍独立成篇、多行书写，字间距均匀，体现了汉代公文写作的格式规范与内容要求，明确的抬头制度、规范的格式用语，不仅能与其他出土文献进行比对，还能与传世文献进行互证，丰富了我们对汉代公文的认识。通过解读这些木牍，不仅有助于确定墓主人的身份，还将丰富人们对西汉历史文化的认知。《独断》中记录了策命、策免两种文书的书写形式，对诏书、制书、戒敕的书写形式没有交代。《除海昏侯国诏》的出土，让我们得知西汉时期除国诏书与一般的诏书在书写形式上有区别，一般诏书用简，如《王杖十简》《王杖诏令册》，《除海昏

竹简出土场景

竹简剥离

侯国诏》木牍是汉代典型的下行公文文书，也是考古出土的首份西汉除国诏书实物，属于标准的"罪免"诏，书写形式与策免相同，即一尺长木牍、双行隶书。

刘贺夫妇上书木牍是刘贺夫妇上书汉宣帝和上官皇太后的上行公文，涉及朝贺、酎金、秋请等内容，对研究当时的朝请制度、公文制度和刘贺被封为海昏侯前后的历史有重大意义。比如元康四年（公元前62年）为酎金一事的奏牍，还可以与同墓出土的"元康三年"墨书饼金铭文互证。目前所见汉代官文书，如武威出土的《王杖诏令册》、玉门关出土的《武帝遗诏》等多系转抄，刘贺墓出土木牍是仅见的汉代高等级公文原本，对西汉公文制度研究具有重大价值。

海昏侯墓出土木楬约200枚，均为圆首长方形，多数顶部半圆形部分涂黑，少数画成网格状或画一横线表示分隔，上钻有一孔。其下标识序号，目前所见最大编号为"第百一十"。约半数以上的签牌正反面皆有文字，分上下两栏书写，极少数签牌不分栏、不分行，天地顶格书写物品类别、数量，所记内容为殉葬品。我们把这些木楬与该墓出土物对照，将有助于汉代名物考证工作的深入。

海昏简牍数量庞大，为研究古代简牍书册的用材、修治、编连、篇题等问题提供了丰富的实物资料。西汉是中国书法史上的重要时期，隶书在汉代获得大发展，成为官方文书通用文字。刘贺墓出土简牍上的文字应为专业刀笔吏代写，属标准汉隶，用笔沉稳，隶写规范，文字秀美，庄重典雅，既是这一时期不可多得的书法珍品，又是研究西汉中期隶书的重要材料，将有助于深化我们对汉代隶书演变过程的认识。

海昏简是出土文献的一次重大发现，其中《诗经》《论语》有较明确的师承，对于研究儒家学说及其经典的传布、演变有极高的学术价值，是了解西汉昭帝、宣帝时期思想文化的珍贵资料，同墓所出典籍，六艺经典、诗赋、数术与方技文献并重之情形，为了解昭宣时期的思想文化提供了宝贵资料，同时也为汉代诸侯王教育、文学修养以及思想信仰等方面的研究提供了一个新视角。海昏简牍尚处于保护阶段，随着全部简牍的修复，以及在此基础上整理、研究工作的不断深入，对海昏简牍的内涵必将会有新的发现，对其学术价值也会有更高的认识，历代学者争论不休的一些疑难问题由此可望解决或得到新的启示，从而促进有关学术研究的深入。以往出土文献中有关西汉中期王、侯一级文书较为缺乏，海昏简牍中涉及昌邑王、海昏侯的有关文献恰可弥补现有记载的不足。这批简牍作为出土文献的重要组成部分，必将与传世文献相互印证、补充，为我们提供更加真实、可靠的史料。

《悼亡赋》竹简

长约 23.0、宽 0.8 厘米

竹质，汉隶，墨书。存简 30 枚，完简约容 30 字，多数简残断，字迹漫漶。简本以汉代流行的赋体形式陈述，采用战国以来骚体"兮"字助词引文，大致描述了刘贺生病、祷祠、小敛、大敛哭丧、弔唁等过程以及墓地营造、下葬等事宜，充满悲戚氛围。

释文：绝肠厚费数百万兮治冢广大长缋锦周圹中兮组璧饬庐堂西南北东端兮

《六博》竹简

长约 23.0、宽 0.8 厘米

竹质，汉隶，墨书。存简1000余枚。简文内容大致分为棋盘局势、行棋步骤两类。六博又称陆博，是汉代十分流行的一种棋局游戏，汉廷设有专门的官职管理博戏。其行棋之道与当时的兵制十分相似，是象征战斗形式的一种游戏。以"青"、"白"指代双方棋子，依序落在相应行棋位置（棋道）之上，根据不同棋局走势，末尾圆点后均有"青不胜"或"白不胜"的判定。博戏中棋子行走的路线称为博道，完整的博局，每种博道一般有不少于四个位置的限定。

释文：食青居下曷白居入道青上曲●白不勝

《房中》竹简

长约 23.0、宽 0.8 厘米

竹质，汉隶，墨书。"房中"医简存约60枚，完整简容37～39字。简文内容大致与马王堆汉墓竹简《十问》《天下至道谈》《合阴阳》等相类，属于房中术类医简，主要讨论房事生活中的养生之道。

释文：青（请）言十道一曰高之二曰下之三曰左之四曰右之五曰深之六曰浅之七曰疾之八曰徐之九曰实之十曰虚之

《易占》竹简

长约23.0、宽0.8厘米

竹质，汉隶，墨书。存简180余枚，每简约35字。简文格式包括卦名、卦辞、象辞三部分，简文并不直接抄引《易经》卦爻辞，而是利用《易经》作日常吉凶杂占的数术书。其内容是利用《易经》进行日常吉凶占卜，与阜阳双古堆西汉汝阴侯墓出土《易》类文献相似，通过简单解释《易经》卦义，以裁断四时孟仲季吉凶或某月吉凶。全篇六十四卦，首次用横线断连表示阴阳爻。

释文：丽（离）下（坤）上明夷者明黄也象西方十三饺南方九壬寅下经六维季秋卦吉蚕时凶

《孝经》竹简

长约23.0、宽0.8厘米

竹质，汉隶，墨书。存简600余枚。简文内容为对《孝经》和"孝"的说解和阐释，多处为一问一答形式。其个别文句与河北定州八角廊汉简《儒家者言》，及甘肃肩水金关汉简中有关《孝经》的几条内容有所关联或重合。

释文：争臣五人虽无道不失其国故社稷不危大夫有争臣三人虽

《论语》竹简

长约 23.0、宽 0.8 厘米

　　竹质，汉隶，墨书。《论语》存简 500 余枚。每简约 24 字，每章另起，未见分章符号。通篇抄写严整，不用重文、合文符号，也未见句读钩识。书风总体庄重典丽，但存在变化，似非出于同一书手。目前可释读的文字约为今本《论语》的三分之一。简本《论语》与今本有较多差异，用字习惯亦不尽同，因其保存有"智（知）道"篇题、"起智道廿一"题记和一些不见于今本的简文，表明此本可能是《汉书·艺文志》所载的《齐论》。

　　释文：

　　智道
　　孔子智道之易也易易云者三日子曰此道之美也莫之御也

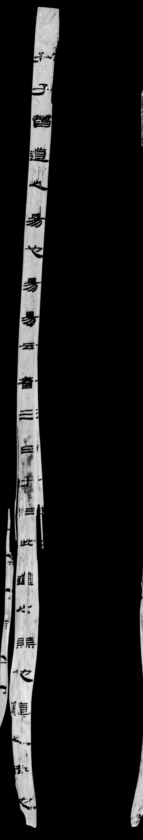

正　　　　反

《春秋》竹简

残长 11.8、宽 0.8 厘米

竹质，汉隶，墨书。共存简 200 余枚，可辨识简仅 40 余枚。简文内容均与今本《公羊传》僖公部分有关，简文中还有部分内容，字与字间距很大，从可辨识的文字看，"春秋"类简册并不是完整的《公羊传》，只是其中的僖公卷。

释文：六年春王正月夏公會齊侯宋公

《诗经》竹简

长约 23.0、宽 0.8 厘米

竹质，汉隶，墨书。存简 1200 余枚。完简容字 20～25，内容由目录与正文两部分组成。简本存在较多异文，异文并不限于假借字与异体字，也包括音义不同的字，反映了文本诗意的差别。通过与《汉石经集存》相比较，两者在结构上基本相合，说明海昏《诗》与石经本《诗》同属《鲁诗》。

释文：詩三百五篇凡千七十六章七千二百四十言

《礼记》竹简

长约 23.0、宽 0.8 厘米

竹质，汉隶，墨书。存简约 300 余枚。大部分为残简，简背多见斜向划痕，简本形制、容字、文字书体和内容有较大差异，还有一些不见于传世文献的佚文，似说明《礼记》类文献直到宣帝时期仍处于"单篇别行"的状态。

释文：子正而天下定書曰一人有慶兆其樂敬其所尊愛其所親事死如事生

"酎金" 木牍

———

长 23.0、宽 5.4 厘米

木质，汉隶，墨书单面书写，分行直书。残存可辨文字为"……□□拜谨使陪臣行家□事仆□/……年酎黄金□□两/中庶子□□□臣饶□……/……/元康四年"。大致上是说，元康四年（公元前62年），刘贺上书，请求派遣家吏仆饶□（居）、中庶子等人代表自己参加当年在太庙举行的酎祭，并如数交纳海昏侯国的酎金。

"秋请"木牍

长 23.0、宽 5.4 厘米

木质，汉隶，墨书单面书写，分行直书。残存可辨文字为"南藩海昏侯臣贺昧死再拜上书言/□□□臣贺昧死再拜谨使陪□□□事仆臣饶居奉书昧死/再拜为秋请/皇帝陛下陪臣行行人事中庶……臣贺昧死……/皇帝陛下/……康四年……"大致上是说，元康四年（公元前62年），刘贺上书汉宣帝，请求派遣家吏仆饶□（居）、中庶子等人代表自己参加当年的"秋请"。西汉时期，王侯春天朝见皇帝叫"贺正月"，秋天朝见皇帝叫"秋请"。

"元康三年"木牍

长 23.0、宽 5.4 厘米

木质，汉隶，墨书。单面分6行直书，遇到"皇"，需另起一行。可辨文字为："南……侯上书/皇……居奉/书……/太后陛下……昧死再拜以闻/太后陛下/……元康三年十月庚辰上●元康四年二月丙子门大夫……"结合同墓同类木牍，可知大致意思是元康三年十月二十一日刘贺向皇太后上书。分隔符号后的文字用淡墨书写，所记时间是4个月以后的二月十九日，可能是该上书退回海昏侯家后的处理记录。

118

"海昏侯夫人"木牍

———

长 23.0、宽 5.4 厘米

　　木质，汉隶，墨书单面书写。可辨文字为"海昏侯夫人/妾待昧死"。结合同墓同类木牍，缺失部分为"再拜/上书/皇太后陛下"3行，是上书的封面，相当于今日的信封，标明了上书人和受书人，既便于文书准确传递，又可起保密作用。

119

除国诏书木牍

———

长 23.1、宽 2.8 厘米

　　木质，呈长条形片状，天头2.5厘米，约3个字位置，地脚不留白，其中2块分别记录豫章郡和海昏侯国地方官员转发该诏书的木牍则顶格书写，不留白，单面双行右起直行书写，隶书，字迹工整，背面书写编号，最大的数字为"廿四"，再加上一块"侯家"者，全套共25版。木牍长约合汉制1尺（23.1厘米）、宽1.2寸（2.8厘米），和汉代"尺一诏"的记载略有出入。

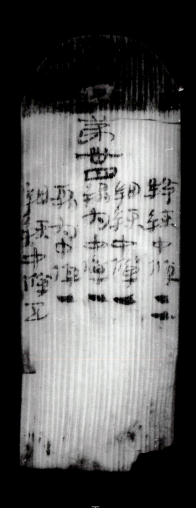

正　　　　　　　　　反

"第卅四"木楬

长9.0、宽3.5厘米

　　木质，圆首长方形，首部涂黑，钻有一孔。正面墨书5列文字："绛练中襌二。细练中襌一。丸中襌一。霜丸中襌一。细练中襌五。"背面墨书3列文字："细练绔四。白丸绔一。（袜）三两。"木楬是系在殉葬品外包装上的标签，记录里面盛放物品的名称和数量等。

为更好地宣传海昏文化、讲好海昏故事，我馆编辑出版《南昌汉代海昏侯国遗址博物馆》一书，书中共收录文物藏品120件（套），包括青铜器、金银器、玉器、漆木器四个门类。它们不仅是海昏侯国遗址所出土各类型文物的代表，亦属汉代典型的艺术精品。本书器物说明由王小琴、赵艺博、桂艳琴、刘荣晖、周里玲、饶菲、谢青、杨培艺撰写，照片由张冰、赵可明拍摄，书稿由范丽君负责统筹，彭明瀚最终审定。

本书集中反映了海昏侯国遗址出土文物保护研究的最新成果，是所有参与人员集体智慧和汗水的结晶。这期间，南昌汉代海昏侯国遗址管理局的领导和同事提供了专业的指导与支持；文物出版社对本书高度重视，责任编辑给予了大量的帮助和辛勤的劳动。在本书付梓之即，向所有关心、支持本书编辑出版的领导、同事与同仁表示衷心感谢！

南昌汉代海昏侯国遗址博物馆

2022年9月